我的青春我的梦

全国中学生校园美文精品集萃丛书

虫边安枕箪，雁外梦山河

行者的歌谣

《作文与考试》杂志社 选编

时代文艺出版社

图书在版编目（CIP）数据

行者的歌谣 /《作文与考试》杂志社选编 . —长春：时代文艺出版社，
2018.8（2023.6重印）
（"我的青春我的梦"全国中学生校园美文精品集萃丛书）

ISBN 978-7-5387-5634-0

Ⅰ . ①行… Ⅱ . ①作… Ⅲ . ①作文－中学－选集 Ⅳ . ①H194.5

中国版本图书馆CIP数据核字（2017）第318306号

出 品 人	陈　琛
产品总监	郭力家
责任编辑	刘　兮
装帧设计	李　斌
排版制作	隋淑凤

行者的歌谣

《作文与考试》杂志社　选编

出版发行 / 时代文艺出版社
地址 / 长春市福祉大路5788号　龙腾国际大厦A座15层　邮编 / 130118
总编办 / 0431-81629751　发行部 / 0431-81629758
官方微博 / weibo.com / tlapress
印刷 / 北京一鑫印务有限责任公司
开本 / 700mm×980mm　1 / 16　字数 / 153千字　印张 / 11
版次 / 2018年8月第1版　印次 / 2023年6月第5次印刷　定价 / 34.80元

编 委 会

目 录

思

路就在那儿

何必那么较劲，人生就是这样！就像天气预报，虽然能够预测得到，但结果往往令人意想不到。所以，何必总是充满忧虑？何不趁着自己青春尚未逝去，还没谋杀这似水年华时，努力朝着自己所向往的方向走呢？珍惜好每个今天，才不会成为扼杀明天的凶手！

读　海

翁诗阳

　　家住海边，对海可谓稔熟。据说海孕育了生命，也吞噬不少生命。海上的生活有太多悲剧，海吞吐了一个城市无穷无尽的欲望。

　　在海上生活过麦哲伦、哥伦布这样的英雄。但当英雄远离大陆，当船义无反顾地驶向大海时，英雄们有没有过一丝不舍？当船长时间地在海上航行，当船在海上遭遇风浪时，英雄对大陆会不会很眷恋？当夜深人静时，英雄的身体会不会因害怕葬身大海而有一丝的战栗？

　　小时候读过一篇叫《怪船》的小说。大意是一位船长侮辱了一位传教士，于是传教士要他们万劫不复。船长不久就因为船员叛变而被杀，最后船上的人无一逃脱被杀或自杀的命运。每到夜里，死者会复活，船上重复上演当晚的悲剧，船也离海岸越来越远。当最后钉在桅杆上的船长被取下，再次触及大地时，他变为一抔土，得到安息。从那时开始，大陆是信仰、是归宿，海洋是深渊、是放逐的概念，就已经在我的脑海中扎下了根。

　　海上生活过让人仰视的英雄，海上同样生活着贫困的渔民。我们这里管渔民叫"讨海的"，我理解为"海之乞讨者"。晚上，港口里停靠了很多渔船，它们破旧不堪，然而它们是渔民几代的家。一次，我看见一位老者坐在船舷上抽旱烟，脸上写满了悲剧。我一直称这为"海之真相"。

妈妈给我讲述她在海边看见尸体的事。我想那很可能是一个渔民，他开着渔船在海上作业，对海有一腔的忠诚。然而海硬生生地把他从船上揪下来，然后把他掐死在自己的怀抱里，最后粗鲁地把他抛向海滩。我想那个渔民当时一定是衣衫不整，头发粘在脸上，反趴在海滩上的，他不幸成了海的弃儿。于是，海的真相再一次昭然若揭。

　　如果说人是海妊娠的产物，那为什么母亲会亲手掐死自己的儿女？如果说人是海妊娠的产物，那为什么儿女会把污水连同欲望泼向母亲？

　　我见过温驯如小绵羊的海，也见过暴跳如雷的海，我曾经很兴奋地乘船过海，光着屁股在海滩上奔跑。我现在却害怕坐在船舷上，因为我意识到那是坐在万丈深渊的边缘上。我厌恶墨绿的海水，那是人过久凌驾于海之上的产物。

　　也许，人不能长久地凌驾于海之上，海也不应凌驾于人之上。也许，我们需要时间去维系这段亲情，海与人才有可能更快乐地生活在一起。

　　读海，就是对海的一种解构。

江南流水吟

杨保华

清明时节雨，纷纷路上行人，欲断魂。这滋味只有在江南才能体会。

"梦里水乡"的雨是不少的，不过，最牵动目光的还是地地道道的水乡之水。

水乡的水缠缠绵绵，含情脉脉。四月的天，纷纷雨中、花石板上、小桥中央就站着你魂牵梦萦的丁香一样的姑娘。姑娘似水，柔情款款，风姿绰约，婀娜的身段在水面倒映出袅袅婷婷的倩影。在那儿，有水的港湾，姑娘的归宿。这江南水乡里，流水、姑娘似乎生来就有小家碧玉的温婉多情，传唱着一曲又一曲郑愁予们谱写的"美丽的错误"。

烟花三月是剪不断的愁，梦里江南有数不完的柳。河码头，榆柳下，曾经的游子在这里远下扬州，一路的浩浩荡荡，一路的流水无眠。在那"杨柳问暖燕子飞"的乌篷船上，你可曾听见怨妇望断乾坤呢喃着"远方的燕子你快快回"。顺着流水，江南才子们的身影在波涛汹涌中起伏，那林荫大道上皇差正几百里加急唱着"江南才俊，高中及第"的"奉天承运"喜报。曾经的浪子，今朝的风流人物，总在不经意间为水乡蒙一块神秘的盖头。

流水，不腐。积淀了千年的沧桑历史依然那么轻快叮咚，潺潺有声。

004

这儿曾见证过荆楚大地的辉煌，这儿的每一件器物中都镂刻着水的精髓；这儿曾演绎三国鼎立的骇人拼杀，"大江东去，浪淘尽，千古风流人物"的传唱永远不会湮灭；"沉舟侧畔千帆过，病树前头万木春"，这儿"长江后浪推前浪，一代新人换旧人"……也曾有过刀兵相见的浴血奋战，也曾有过"雨打芭蕉，水锁桥头"的轻吟。如画的江山，厚重的历史都被各领风骚数百年，唯有这流水，叮咚依旧。

　　我打江南的小桥流水人家旁走过，身后有"侬今葬花人笑痴，他年葬侬知是谁"的林妹妹让我驻足良久，大观园的水可是林妹妹曾暗中抹下的泪？此情此景，怎不令人凝噎？

　　流水，牵动着我走向历史的江南，诗情画意让我迷醉，厚重沧桑又岂由我独自吟哦！

005

一山一水一味

杨跃灿

有人说，在中国极其夺目的历史中有一段"贬官文化"：白帝城，岳阳楼，醉翁亭……山山水水之间，一群原本无声无名的建筑在一群失意文人的笔下眺望人生，不经意间扬出墨香，站成了诗文，经历史的明月一照，不知不觉酿成了文化。

有人说，中国传统文化最大的抒情主题，不是生离死别，不是爱恨情仇，而是颤动于每个地地道道经典文人心灵的兴亡之叹、怀古之思。

也有人说，怀着叹着几千年，唱了咏了几千年，于是胸襟大了，山水小了，于是时间大了，空间小了。

我也学着古人去访有山有水的地方，站在先人曾经到过的地方，去听和几千年前一样的鸟鸣泉吟。风儿伴着暖暖的阳光穿过枝枝杈杈清脆地落在地上，斑驳着又一个千年。醉翁亭的琅琊山为证，岳阳楼的洞庭湖为证，赤壁矶的黄冈石为证，灵隐寺的飞来峰为证，一段段寂寞的历史在这里重新找到归宿，开出绚丽的花。山还是山，水还是水，山山水水，荡涤出千年泼泼洒洒的悠悠墨香。只是现在，却怎么也雇不到李白的轻舟、杜甫的毛驴了。

有人说，古人的闲情，古人的倜傥，让人歆羡。他们活得大气，活得洒脱，活得自由自在、快快乐乐、无拘无束。其实，只是我们给心灵安上了一块密不透风的磨砂玻璃，加上了一串不解的密码，于是一切仿佛蒙上了雾。草长莺飞、斗转星移只是似曾相识，一抹夕阳、一只惊鸿也不过如雾里看花那么烟雨蒙蒙。现代人感叹城里密度太大，可紧挨的建筑、遍地的汽车怎么也抵不过心的密度。

所以有更多的人去看山，去看海。山有山的胸怀，山有山的无欲则刚，有容乃大；水有水的性情，水有水的灿烂自由，清静芬芳。山还是山，水还是水，只是去看的人不同。"居庙堂之高则忧其民，处江湖之远则忧其君。"多少文人墨客，贬了官，流了浪，告了老，还了乡，却永远无法走出这山山水水，他们从中读出生命的真谛，发出大起大落的叹息。好一个山山水水孕育的文化，而我们呢？

水是亲水，它亲在山；山是空山，它空在心；心是真心，它真在人。那么人呢？

给一段疲惫的往事一个结束的理由，像山那样稳持坦然；给孤苦的心灵一把开启的钥匙，像水那样自然芬芳。

去看看山，去看看水，去体味山，去体味水，它们各自有着各自的味道呢！

007

自 然 密 语

陶玉珂

1

我曾执拗地喜欢过天上的月亮。

静夜时分，我常伏在阳台上，望着夜夜徘徊在头顶的那枚月亮。月初和月末的月亮细细弯弯如柳叶，偶尔一朵云浮过，便"犹抱琵琶"了。这时的月亮还有些昏暗，月光洒下不多，天与地黑成一片，只有暗淡的灯光还依稀投下路旁树梢的影子。

最爱的还是玉盘似的皎洁明月。月光不吝惜地洒遍黑暗的大地，把原本黑黢黢的高楼马路笼上一层银纱，少了几分阴森，添了几分梦幻。没在树梢里的路灯是万万比不上月亮的。月光本为自然，落下时自带着那么一份温婉与生气，所以与地上的万物契合得天衣无缝，叹为美景。而那生冷的路灯，晦暗的黄光打在足下的一小片空地上，只见得自己的影子在身前渐短，在身后渐长，又在身前渐长，身后渐短，如此往复。可那明月却是会陪你一路的。

每每这时，我总会打开禁锢思想的盒子，任思绪穿越月光飞舞。我常幻想，若能置身于幽寂的竹林中，身着一袭白衣立于无瑕的月光之下，随风舞动的，不只是那翻动的衣袂，还有心中舍我其谁的万丈豪情。长剑临风连连挥动，片片竹叶犹如把把细小的剑，插入泥土。剑锋颤动中将月光切割成细碎的银片，落入叶间点点起舞。

收回思绪，眼前朦胧的月亮又清晰起来，纯白依旧。

2

我也曾执拗地爱上了无形的风。

空气流动形成风。

我并不喜欢地理老师这句颇为专业的定义，一板一眼的字句，掩盖了大自然的美丽，更束缚了追求美丽的思想。我宁愿相信，风是春意走过大地的低唱，是夏雨落入尘世的鼓点，是秋风飘舞的旋律，是冬雪覆盖人间的回吟。风有属于自己的生命。

倚在窗边，闭上眼睛，静静地聆听窗外风的私语。

"哗哗哗"是它在林中嬉戏，它握了握每棵树粗壮的手，每棵树都向它点点头，偶尔送下几枚叶子给风，捎带给远方盛放的春天。

009

"唰唰唰"是它穿过细密的雨点。春雨淅沥，夏雨如注，秋雨绵绵，冬雨清冷。风爱哪种雨呢？是春雨吗？那又为何如此轻弱？是夏雨吗？那又为何如此狂躁？是秋雨吗？那又为何如此凄清？是冬雨吗？那又为何如此冰冷？呵，怕是只有风儿自己才会知道吧。

风无形。没有人能追到风的踪迹，这一刻掠过发间的风可能下一刻已远在千里之外。

风亦有形。向窗外伸出手，五指张开，你仿佛能感到风从你的指间溜过，似固体有质，又似液体流动。

风为自然的美妙添砖加瓦，有了它，静止的万物随着它摇曳生姿。

3

前几日连绵的雨，沁润着干涸了许久的心。空气里潮湿的水汽扑面而来，神清气爽。我又留恋那仅有的几日雨景了。

一觉醒来，隐约有敲打窗户的声音。推开窗，路上全湿了，零星的几个行人打着伞匆匆走过。这一切都证明：雨来了。

坐在车上，雨势渐渐大了起来。雨水在车顶上汇聚起来，成股地流下来。先流下来的水滴在玻璃上留下一道水痕，后来的雨滴循着这水痕流下，相互追赶。追上了便聚成更大的一滴水，以更快的速度迅速滑落。司机把雨刷打开，不停地一左一右冲刷，但前赴后继的雨不断落在玻璃上，模糊了视线。

行在路上，打伞的人从身边低头匆匆掠过，只有我独自打伞如闲庭信步般悠闲。他们是匆忙回家？抑或是匆忙上班？我胡思乱想着。

雨本是垂直下落，被北风一吹，便向南飘去，被东风一吹，便向西边飘去，没有定向。反向的雨交织在一起，就像目的不同的人走到了一起，会成为朋友，还是敌人，抑或是擦肩而过的陌生人？人生本无定向，雨无法左右它的方向，但我们却能改变自己的人生。

雨中的人容易落寞。街上寥寥赶路的人，路上渐少的汽车，偌大的城市被雨消了生机，静默在雨里。但是为何要寂寞呢？雨落在檐上的"嗒嗒"，雨打在伞上的"咚咚"，雨溅落脚边的"噼啪"，无须惧怕旅途的寂寞，这一路都有雨的相伴歌唱。

在这雨中，放下了一颗浮躁的心，留一份宁静、恬淡。我扬起伞，抬头望向灰白苍穹中，似凭空落下的雨滴。既然上天造我于万物之中，我便索性丢开这世俗的伞，融入那一片澄澈之中吧。

望月、触风、听雨。自然留于我们最美的享受，最动听的话语，那就睁开眼去看，竖起耳朵去听，张开手去感受吧！

燕　子

李心怡

　　家中屋檐下有个燕子窝，年年都有燕子在此定居，今年也不例外。

　　燕子窝是半球形的，一面靠着墙，窝的右边留有一个小洞，应该是供燕子进出的。这燕子窝不大，也就与平常人家盛汤的碗差不多大，可里面居然能容得下七八只燕子。

　　每天早晨，燕子们随着阳光开始躁动起来，叽叽喳喳声从屋檐蔓延到整个院落。奶奶会在这个时候为我们准备好早餐，然后看着我们狼吞虎咽地吃完赶去学校。燕子们也没闲着，成年燕子正忙着在外觅食，雏燕们则安静地待在窝中，时不时探头张望。

　　因为这燕子窝恰好搭在我家檐前的照明灯旁边，平常晚上我们都不开那盏灯，怕打扰了那满窝的幸福。可有一点让我很不高兴，这燕子窝正对着家门口，里面这群小家伙们时不时就会排泄，搞得家门口经常一片狼藉，不堪入目。有一天，我弟弟实在是受不了了，拿了根长长的竹竿想要"消灭"这燕子窝。奶奶见状慌忙大喊："燕子窝可捅不得，会遭报应的！"弟弟听见这番话，只得无奈地放下手中的竹竿，狠狠地瞪了那窝燕子一眼。

　　瞪眼归瞪眼，面对可爱的燕子，弟弟还是充满着喜爱之情。几天前的一个早晨，外面下着大雨，弟弟正拿了雨具准备赶去学校。院中有少许积水，在朦胧的水雾中，他好像看见水洼中有一团黑乎乎的东西，走近一看，才知道是只燕子，在雨水沉重的冲刷下，似乎已经奄奄一息。他小心翼翼地将这只燕子捧起，又回到了房中。我见他捧一只燕子回来，心中不禁产生一丝疑惑，再联想到他之前要捅燕子窝的行为，更让我百思不得其解。他先是认真地把燕子的羽毛擦干，又耐心地把它的羽毛理顺。这燕子也很听话，竟服服帖帖地任由弟弟摆布。最后，弟弟搬来一架人字梯，把这只燕子送回了窝中。

弟弟对燕子的喜爱甚至开始泛滥。他会时常蹲在家门口，观察这群燕子进进出出。看着弟弟与燕子们相处得这么融洽，我也不自觉地感到开心。

弟弟说："燕子是春天的使者，它们会为人们除害虫，保护庄稼，所以我们要好好保护它们。"

在这暮春初夏之交，我真切地感受到了燕子们充满的生机与活力。

我 和 文 字

黄素静

文字如故人，相见恨晚。

青春期的我们容易被情感羁绊，有的是奇幻如泡沫般美丽而不切实际的幻想，以及懒到永远以娱乐为主打的悠闲生活。"文字"这颗闪亮的流星划过我的脑海，它带来的是源源不断的绚丽。"90后"写手们的世界，是种自由的生活，它不需要虔诚的祈祷与跪拜，能让你尽情倾吐没完没了的"人生感慨"。这才是"90后"最原始的状态。

我们面对文字，时常将其误解为读读背背的呆板和笨拙，并且在还没有看透它的下一秒，转移目光，追逐那些表面看似更为吸引人的事物去了，正如同一个智力尚未发育完全的孩子丢弃了笨重的西瓜而捡拾起那粒轻巧又乌黑光亮的芝麻。

我们擅用"火星文"，却不知道火星人是否真正存在于这个"四方上下，古往今来"皆可包含的渺茫之中。我们生活中，被矛盾包围和缠绕，有时候纠结其中无法自拔，于是需要发泄，文字自然成为生活的一部分。

文字是一年四季不断更替的风景，始终散发着最美的光。那年冬天，它悄悄地来到了这片南方的土地，引来了所有人的注目，他们把欢快、激动的情绪注入它的体内。于是，它渗入大地，一寸一寸，将这份美好延伸，延伸到来年枝头的新芽，就这么循环往复地存在于每一个角落。

　　写写画画便是我的风格，走在街上，周围一切不属于我的物体都能够让我产生无尽的联想。我喜欢用最优美的辞藻在脑海中编织一切能够成为故事的事实，尽可能把浪漫主义色彩发挥到极致。当自己都认为没有路的时候，之前的一切幻象都消失殆尽，而现实的世界也变得仅剩下自己一人，末了，人走街空，地上的枯叶也开始落寞。

　　十几年过去了，回头发现自己已成了一个镜头，只是装反了方向。看看过去的路，越远越模糊，记忆的最顶端早已被尘封。我用自己的情感去调动一个又一个的镜头，然而记录镜头的，只能是文字。

触 摸 阳 光

朱家双

当"阳光"这个词轻触到耳膜时，心中便会涌起满满的温暖。思考了很久以后，才决定用触摸的方式接近这伟大、圣洁的光芒。

偶然中读到这样一个句子："阳光走着猫步来。"我反复咀嚼这句话，像一片清香柔软的茶叶在心底慢慢舒展，嘴角不禁逸出一缕微笑。我第一次感觉到那金灿灿的阳光竟是如此美丽，如《诗经》里的女子般优雅。于是，我开始轻轻地触摸阳光。

总是喜欢在刚刚起床后便急忙地拉开窗帘，让那轻柔的光线一股脑儿泻进屋子。它们跳上我的睫毛，嬉笑着掀开我沉重的眼睑。在触摸到阳光的那一刻，我便彻底地清醒了，推开窗欣赏美丽的晨景，此时阳光也安静地倚在身旁。

午后闲暇时，我常坐在靠窗的书桌边静静地看书，此时阳光也会悄悄躺在那柔软的书页边，咧着嘴开心地笑。而很长的一段时间，我都会不由自主地放下书本，凝望每一丝光亮，它们缓缓地落到我的书桌上，跃到一杯寂寞的水上，闪出亮晶晶的笑靥，驱散了整个屋子的孤单。我不禁伸出手握住一束光线，将它摊在掌心轻轻地摩挲着。没有丝绸光滑的质感，没有薄纱灵动的通透，只是像母亲一头的白发，朴素中透着无尽的温暖。

有时会遇到连续几天的阴雨天，日子里便有了发霉的味道，心情也变得十分烦躁，总是无精打采地坐在窗边等候阳光的莅临。雨水断断续续，孩童们的奔跑、嬉戏也看不见了，云层给阳光染上一层薄薄的灰色，而我的心情也是灰蒙蒙的。

某一个下午，天空突然放晴了，大片大片的阳光洋洋洒洒地落了下来，我飞奔到屋外，欣喜得手舞足蹈。浸泡在阳光里，是最好的享受，更别说这雨后的阳光，让人觉得格外珍贵。各家各户都把被子抱出来晾晒，蜿蜒成一道纯朴的风景。晚上，盖着藏满阳光味道的被子睡得很是香甜。

独自一个人走出屋外，静静地躺在一片厚实的青草地上，那摇曳的花微笑着守望着我，阳光轻抚我的脸颊，走进了我的梦中。诗意飘散在空气里：

阳光照射进来

像一杯刚刚挤出来泛着泡沫的牛奶

还带着牛棚和干草的气味

睡衣的颜色

却道"人生若只如初见"

鲁香玲

"人生只是个比例问题"，这是朱自清先生说的。当我还自以为幸福地沉浸在自己构造的所谓单纯世界中时，地球已历经无数次季节更迭发生了翻天覆地的变化。若上苍赐予我一次许愿的机会，我会不假思索地脱口而出："请让人生只如初见。"

或许这个愿望一直埋藏心间，又或许，只是来自一个偶然。一次外出，在步行街遇见一个烫着大波浪、浑身香气浓郁的女生，她的蓦然回眸却让我不禁倒抽一口凉气——浓黑如国宝眼睛的眼线，整齐如扫帚般稠密的假睫毛，宽松的骷髅头牛仔裤——大有为国家节约布料以至衣不蔽体的伟大意愿。天意弄人，眼前这个震撼人心的女生，正是我曾经一度赞扬的老同学。她朝我抿嘴一笑，唇彩在太阳的照射下令人眩晕。除了陌生，就只剩下不寒而栗。曾经的她，那个人见人爱的乖乖女，虽无百合高雅，却也比水仙清新。于是，我开始责怪，责怪时间将过去的美好抹杀，使她在我心中努力维持的完美形象霎时崩溃，狼藉满地。如果能有选择，我宁愿不再相见，宁愿让人生只如初见。

正如朱自清先生在《论自己》中道："自己关闭在自己的丁点大的世界，往往越爱好越坏。"在这个物欲横流、是非黑白一个不小心就颠倒的社会，那种一如当初出淤泥而不染、濯清涟而不妖的玉荷，也只能在周公缥缈香甜的梦乡中出现了。

记得许嵩的一首《素颜》曾以三月春风吹醒漫漫枯草之势席卷校园，那一句"当年素面朝天要多纯洁就有多纯洁"打动了多少青春懵懂的少男少女的心。若这话作为语文分析题跃于卷上，又有多少祖国的花骨朵能发现，这话的重点是在"当年"一词呢？如今，又让我们何处寻觅打动人心的素颜？何处盼望神圣的"人生只如初见"？

这是一个光彩夺目的世界。或许过去人们所认知的"单纯"，如今已成为"愚蠢"；或许过去人们所推崇的"老实"，如今已成为"呆板"；或许那高尚的"素颜"一词，也追随转世了。取而代之的是越来越多信奉"人不为己，天诛地灭"信条的虚假面具招摇过市，显露更多的，是谄媚、奉承与嫉恨。我该用多少瓦数的灯泡，才能照亮这黑暗的漫漫长夜，捡拾起那仅存于初见时的"真情"与"单纯"？曾无意中看到，过去社会男子的三大愿望：农妇，山泉，有点儿田。或许现在听上去够傻，却傻得可爱真实。然而若你现在去问一个男生，他可能会脱口而出："当然，得有钱！"多么真实的一句话啊，但却真的可怕、可怜、可悲。

一直欣赏这样一句话——"总之别忘了自己是谁，别尽拣高枝爬，一失足会摔下来的。为了抬举自己装别人，装不像别人，又不能成为自己，也怪可怜的。"其实扩大自己，得一圈儿一圈儿的，得充实，得踏实，别像肥皂泡一大就裂。或许，在这个社会，上点儿妆会比素颜更耐混，但最重要的是不能失真。不是"人之初，性本善"吗？保持最原始的状态，不随波逐流，不"新"生贪念，也算得是初见之人了。

生，容易；活，容易；生活，却并不容易。如果可以，请让今天与我同眠，让未来重现"人生初见"，或许只有这样，才会真正笑得天真，笑得灿烂。

幸 运 草

石晓薇

小学、中学校园里的花圃中，长满了酢浆草。

三片叶子的绿色上缀着一两粒紫色的流星，高贵而典雅，却如落入凡尘的精灵，浮躁的人是看不见的。

小学的课间，我总和伙伴们一窝蜂拥出教室，在花坛边流连。随手掐下一根酢浆草，也不洗，用手擦擦后，便将根部放进嘴里咂吧咂吧，一开始有种淡淡的甜味，越往上便越酸了。

那时的孩子们却乐此不疲，没事叼一根在嘴里，嬉笑追逐。

现在长大了，却再也没有尝尝酸甜的"荒唐"念头，因为个中滋味已尝得不少了。

中学时的体育课，班级曾一度掀起了寻找四叶草的狂潮。

女生们三五成群地聚在花坛前，手指在一片片叶前点过，只差没全摘下来挨个儿数了。偶有人惊喜地一叫"呀！找到了！"，其余的人便围观过来，口头表示羡慕一下，又热情地投身到寻找幸运的伟大事业中去了。如此的热闹，竟也吸引了不少男生。

当然，这样的群体活动是从来不包括我的，我只会坐在树下，呆呆地望着天空，回忆着从前的游戏，偶尔也有课堂。即使心里羡慕，也不会去寻找所谓的"幸运"，毕竟真正的"幸运"是"寻"不来的。

某日体育课上，好友小S神神秘秘地凑到我面前，扬扬紧握的拳头："喂，猜猜里面是什么？"我翻了个白眼，为她如此鄙视我的智商感到不满："四叶幸运草。"小S眯着眼睛摇头，满是一副"啊！我就知道你会猜错"的神情，见我转身要走，这才摊开了手掌——

五叶草！

"多了一叶啊！你猜是什么？"那故弄玄虚故作深沉的表情，让我恨不得立刻塞上一拳。未等我回答，小S竟把酢浆草放进了我的手里："是祝福哦，祝福，所以便宜你啦。"说完拍拍我的肩膀走了。

中考结束，小S去了另一所高中。

而那片幸运草仍夹在我的字典里，别人看见时都表示惊叹，四叶草！只有我会将它翻过去，露出隐藏在背后的那一片——祝福，抑或是鼓励。

这叶酢浆草，这叶写着幸运、祝福、努力、坚持、挫折的酢浆草，长在字典里，也长在我心里。

那多出来的两片，并不是随意，而是心血使然！

当你心里冉冉生长出一棵四叶草，你面前的任何一棵酢浆草，也便成了四叶。

路就在那儿

范若静

玛格丽特·米切尔在她的小说《飘》中说："冥冥中已命中注定，当一切都随风而逝，我们还能说什么做什么，在现实面前，梦想总那么脆弱无力。错过的都已错过，失去的都已失去，生命中还有许多未知的苦难和甜美，值得我们坚持等待和珍惜，毕竟明天又是新的一天。"所以，我也想说，处于或迷惘或颓废中的我们，醒过来吧，青春年少的我们，何必执着地问"路在何方"呢？

记得以前，朋友之间经常会进行一些关于幻想的对话，谈论最多的是"如果有来生，你最想变成什么"。我的答案往往大同小异。我想变成云，因为它去留无意，漫观云卷云舒，令人淡定惬意；我想变成风，因为它无拘无束，微风的吹拂让人心旷神怡。可时至今日，如果你再问我同样的问题，我竟然不知所措。是我变了吗？还是生活无情地将我欺骗，让我失去了灵魂？

不知年少的你是否与我有着同样的经历与体会？熟悉的突然变成陌生，周围的一切都使你狂躁，无处可逃，只好通过幻想来寻找最后的一片净土。你有没有试过在课堂上听着老师不厌其烦地为我们讲解题目，看着身边的同学奋笔疾书，你却会突然大脑短路，放下笔，只想看看窗外那飘荡的云，听听那飞鸟的鸣叫声，好不惬意！可却又会突然感到纠结，只因看到一片突然掉落的嫩绿的叶子。就在这一阵恍惚中，你又回到了课堂，努力地追随着老师讲课的身影。甚至在街道上，你也会突然走神，驻足观看这川流不息的人群。虽然盯着人群，而你的思绪却不知飞向了何方。

一切的一切都令我感到陌生，我不再明白是不是经历风雨后就一定能见到彩虹。我不知道是否真如亦舒所说的"人一定要受过伤才会沉默专注，无论是心灵或肉体上的伤害，对成长都有益处"，现在的我很焦虑，对此时的厌烦，对未来的恐惧及对人生的无奈包裹着我，让我无法喘气。路究竟在何方？我经不起等待。

直到那天，不知是什么原因，假期素爱睡懒觉的我居然早晨五点多就醒了，闲不住就想到公园里去晨练。那时的街道上寥寥几个行人，整个小城依然沉浸在一片宁静之中。我呼吸着新鲜的空气，不知不觉来到了山顶。坐在树下，望着天空露出的鱼肚白与那似有似无的丝丝阳光，心中好像有了久违的期待。呆呆地望着天空，忘却了周围，也忘了自己，只是等待着。我感觉到了太阳在缓缓地上升，一点儿一点儿，尽管云雾遮挡，但依然温暖着我。等着，看着，太阳的光芒终于突破了云层的阻挠，将那灿烂的金线洒满神州大地，我的心顿时觉得豁然开朗，好像堵在心头的一块石头终于落下来了。对自己说，何必那么较劲，人生就是这样！就像天气预报，虽然能够预测天气，但结果往往令人意想不到。所以，何必总是充满忧虑？何不趁着自己青春尚未逝去，努力朝着自己所向往的方向走呢？珍惜好每个今天，才不会成为扼杀明天的凶手！

成长需要方向，也需要等待，方向不是由别人指点，它只在你自己的心中。纵使最后结局告诉我们一切都是徒劳，我们也依然能骄傲地大喊："我们曾经历过！"

时间也有加速度

朱昕阳

小时候，似乎有一多半的时间总是在盼啊，等啊——从端午就开始遥望中秋，到重阳又开始怀想春节……这冬去春来的一年里仿佛藏匿着一个个小小的轮回，轮回中的我最为祈盼的是新年的钟声，那一声声沉重、庄严、冗长的钟声，向我宣告着新春的姗姗到来。

而今，无须再盼，日子仿佛总是跳跃着前进——从端午跳到中秋，从重阳跃向冬至，最后再冲刺春节……花开花谢的一年似乎只是弹指一瞬。这一瞬真的是太快了，我还没有来得及踮起脚尖盼望，就在鞭炮声中迎来了新年的钟声，那一阵阵仓促、洪亮的响声。

同样是365个日日夜夜，从前仿佛隔世，而今恍若瞬间，难道是时间的步伐越来越快了吗？莫非时间也有加速度？

闲暇时我会常常思考这些问题。我迷惑地向着时光隧道呐喊，隧道的另一头传来了悠长的回音，我似乎听到了当年那个小女孩儿盼望的心声——

"还有100天就过年了！""还有40天就过年了！""还有10天就过年了！"从100倒数到0，常常数得小女孩儿心花怒放，有时兴奋得连手指头都掰不过来——我是在等待"爆竹声中一岁除"的成长，还是等待"总把新桃换旧符"的热闹？到现在我都无法说清。

直到现在，我都依稀记得小时候，从除夕到春节的那一夜，鞭炮声总是不绝于耳，即使是深夜凌晨，都可以听到礼花飞天的巨响。我总是兴奋无比，直到累得睁不开眼睛才能在不自觉中睡去。可是天刚蒙蒙亮，我就摇醒妈妈："妈妈，是不是天亮了？起来吧，我要去拜年！"一夜要如此折腾好几次。天刚放亮，我就穿上新衣，胡乱地吃点儿花生糖，随便咬口苹果，便匆匆忙忙地出去拜年了……那些走大街串小巷的场景如今已经成为默片电影里的镜头，深深地烙印在我的记忆里。

把思绪从时光隧道中抽回，现在的我真的感觉时间过得飞快。有时仿佛是猛然间想起：啊，又要过年了嘛！这时我只能感叹："我又长大了一岁！"看到街道上穿着花花绿绿新衣的小朋友，拎着礼品袋走街串巷地忙着拜年，我的内心仍有一阵悸动。虽然我很想重温一下童年的幸福，但一米七的个子站在别人门口拜年，真觉得有些丢人——童年的时光一去不复返了呀！

是什么让时间似离弦之箭？是否因为我的时间里少了"盼望"这种元素？从前的我数着日子生活，而今从书本中猛一抬头，日历就已经翻到一年的最后一页。时间的加速度真是快，那些从指尖流淌过的时间不会再回来，时间的疾风吹过日历已经被堆堆书本埋葬。在日月如梭的光阴里，我真的希望时间有一天能放缓它的脚步，让我再盼望一次春节，再带着宁静的心情聆听一遍新年的钟声……

昨日时光的祭司

　　伍尔夫说："生命的内核一片空荡荡，就像一间阁楼上的屋子。"就这样，就像是在混沌的时空里看见孤独灵魂的反射，空白而无力。曾经，有过对这个要求我匍匐称臣的世界胆小的质问，然而，它始终以一种不紧不慢的速度压迫过来，不带任何温度地洗过单薄而苦涩的青春。谁都明白它的意义，然而，谁又都不曾明白过它的意义。

距　离

章　婷

　　有人说，远方除了遥远一无所有。也有人说，远方除了遥远，还有美好的憧憬和向往。

　　空间上的距离，让人学会了想象和追寻。引人入胜的风景总是这样的：远处有亭台，人们朝亭台走去；到了亭台，更远处有溶洞；溶洞也非终点，更远处还有瀑布……人们因此不顾疲劳不断地前进。

　　引人走向远处的是亭台、溶洞、瀑布的魅力。人们在人生道路上不断地付出努力，则是为了争取一个个更好的未来。这大概就是对"距离产生美"的一种解释。因为相距遥远，人们才会对有着钻石般光芒的繁星产生好奇；因为相隔遥远，才会有"海上生明月，天涯共此时"的无尽感慨。

　　时间上的距离，又如何来测量呢？直到今天，我还记得年幼时那湛蓝的天空和翠绿的树梢，那废弃的充满稻草腐味的小小茅舍和长满菊花的小土堆；也记得那秋叶散落的瓦片、风格各异的墙画和坑坑洼洼的石板。过去的一切都是那么真实，仿佛伸手就可以触摸。原来，过去与现在的距离，是用记忆来丈量的。一个人的记忆在他的照片上、物品里，一个城市的记忆留在标明它历史的街区和建筑上……

　　测量同一段距离，不同的方法会得到不同的答案。曾经读过一篇文章，说的是通向月亮的路有多长。美国航天局费了很大的劲儿爬上月亮，宣布说是三十多万公里，并且抓了几块冰冷的石头拿回来让人们看。而作者的父亲只用了一根三米长的井绳，就从井水中打捞起了完整的月亮和美丽的月光——三米之下，就能触到孔夫子和李白谈论过的那个月亮。取消距离，美国得到几块冰冷的石头；怀着敬畏之心谦卑地守着那段距离，人们就可以披上满身满心圣洁的月光。

　　人生又何尝不是这样？学会保持一段距离，也是一种生活的艺术。距离的存在，留给人们思绪驰骋的空间，于是才有了人们渴求的目光和前进的步伐。与昨天的距离，让人们懂得把握现在；与明天的距离，则让人们学会了期待下一个阳光灿烂的日子。

昨日时光的祭司

生命——永恒的乐章

陈 悦

单翅鸟为什么飞翔?

——题记

那是一个午夜,单翅鸟出生的夜。

它用笨拙的喙啄开蛋壳,却在爬出蛋壳时失去平衡——它唯有单翅可以助它挣脱束缚。它只得冒着受伤的危险,在一片混沌中向未知的方向撞去。

所幸最终它还是脱开了蛋壳,带着眩晕审视自己,竟大吃了一惊——这是怎样丑陋而怪异的身体!稀疏的羽毛,细小的爪艰难地撑起身体,略带点儿滑稽的单翅无精打采地耷拉在一侧。

它感到万分懊恼,莫非这是命运女神的玩笑?从出生起就跌跌撞撞,莫非便注定了一生要跌跌撞撞?生在大地,莫非便注定了一生只能仰望天空?想到这里,它颓然叹了叹气,跌坐在地上。

这时,迟到的太阳终于慵懒地爬上山头,洒下光和热,自然也尚有一点儿余温洒在它的身上。它看着被照亮的羽翼,似乎终于有所领悟——我,我是一只鸟啊!它看看澄澈的晴空——那里是我的宿命啊!

它为自己那伟大的发现激动得要叫起来,扑棱着单翅向上扑棱,做出了第一次振翅,却在迈出第一步时无奈地失去了平衡,跌倒在地。

不过是跌倒，又怎么阻挡得了它对飞翔的渴望，对天空的向往？它挣扎着起来，然后——啪，再次着地，第三次第四次依然如此。

不知过了多久，连大地都看厌了它天天上演的滑稽戏，它终于学会了走。

它终于开始扇动单翅，希望看不见的空气能够将它托上碧空。但它又一次错了，每次卷起的混乱的气流只会使它倒向一边，却不会使它飞上青天。

我怎么可能做不到？我是一只鸟啊！

于是它日复一日扬起单翼，自然，日复一日摔倒在地。它残缺的影子拖在地上拉得老长，被斜阳一次次耻笑。但这次却远没有上次的幸运。

一个月，一年，十年，转眼它竟已至暮年。渐渐它已没有如此徒劳的气力，却从没有停止过飞天的梦。

终于它在生命的最后一天想到了一个办法，在一个凉风习习的早晨，它攀上了从未离开过的那座山的崖顶。

纵身一跃！

它终于脱离了前所未有的束缚，在气流冲击中感受到了生命之所以为生命的意义。它情不自禁地用生命最后的光亮爆发了最高音！

然而这最后的声音，世上又有多少人亲耳听见？

单翅鸟为什么飞翔？既然连路都走不稳，为什么还要妄想飞翔？既然注定不能拥抱阳光，贴近那象牙白的月光不也同样壮丽吗？既然大海与天空一样宽广，山巅也可以眺望，为什么一定要飞翔？

因为那是生命所赋予它的一切！那是它对生命的热爱，对生命的尊重。它选择燃烧自己，证实生命存在的意义。

生命本是空白的乐谱，任何人都可以恣意挥洒。而演绎的乐章能否永恒，却要看演奏者有没有努力去对待生命。

愿我能同单翅鸟一般，倾我所有，努力去奏响这永恒乐章的最高音！

一 生 之 城

于天慧

把文字养在心里，去凤凰看望沈从文先生。

我来这里，是因为太渴望一些东西，听说来这里可以心安，可以忘怀，可以聆听。

有人说先生是寂寞的，他的寂寞因为凤凰。所以，许多人来到凤凰寻找先生，走进冗长的巷弄，用肃静的心感受先生的慈祥与从容。也似乎是这样，这座几百年的城池才能坦坦荡荡地燃烧着游人如痴的情怀，让一切愈渐明晰。

历史赋予这座古城不一样的品性，远山如黛，白雾横江，踏上洁净的青石板，每走一步都是一卷老得褪色的故事。那些黑与白的色彩，干净缠绵，闪烁着温婉的情愫。先生的故居深处永远令人向往，让人怦然心动。

我理解先生对凤凰的钟爱。那种不动声色的表达总会流露着淡淡的忧伤，就像一颗沉默的心，默默地眺望着古城的白墙黑瓦，在唏嘘中静享苗疆风情。时光在这里静静地休憩，一同停滞的还有最纯净的情感冲动，她催促你接近她，让你也轻柔地去触摸那种古老。路上的所有风景，全属于你一个人，要天，要地，要的风光都是你的。

先生说，他学会理解人生，认识美，与水有着很大的关系。此刻的我坐在江畔任凭思绪简单地生长，因为这一江秋水，而独自寻找曾经留在茶峒的等待。先生就是古城的一缕魂魄，踏遍每一座山头，涉过每一条河流，在虔诚的文字里停留。

就在昨夜，我瞥见先生的《边城》。满架的书静静地伫立在我的面前，等待我去抚摸，我却独独看到它幽怨而期待的目光。我仿佛听到翠翠的歌声穿越沱江，在湘西的萧萧篁竹里与心爱的人交臂相挽。那些美丽的瞬间，宛如一串湿漉漉的思念，游走于时光的锋刃上，切割出了简简单单的爱与坦诚。

我知道那个时候，我会和所有在这个古城的人一样迷失，在光阴的交接线上，遇见先生。那个位置，是我心灵的栖息地，不宽阔，却能存放那一刻的自己和心中最柔软的故事。

其实，我的心头又何尝没有一座边城呢，它既是我的枷锁又是我的归宿。不远千里，奔赴凤凰，就是要与它赶赴一个遥远的盟约。

我相信在先生眼里，尘世的纷纷扰扰都是干净、纯粹、潇洒的，那是一部真正的"思无邪"，喜欢它，理所当然。记得立在半山腰的白塔，在《边城》最后绝望地倒塌，我想它一定是不忍心看到先生悄然流泪。就是这样温暖的时刻，为先生化解了心灵的苦闷与伤痛，拂去了岁月的严寒与喧嚣，直至最后，在沉静如梦的凤凰厚重得如同一块历经沧桑的岩石，随着先生的步履行走着，流浪着，不知疲倦。

拳拳赤子之心，让岁月留痕，风骨犹存。先生将自己的一生都埋在文字里，浓浓的乡愁像流淌的沱江水，滋养着青山、翠竹和街市上善良的人们。在他的坟冢前放上一株七里香，听彼岸小鸟的欢唱，枕着滔滔的江水入眠，我想此刻的先生总该安心了。

许多事情藏着，并不等于遗忘。那美丽的凤凰，也许会伫立成一道亘古不变的风景吧！

咫尺幸福

崔砚池

我想看一眼太阳。

病房里那扇不大的窗户不常开，病人们都是怕冷的。然而阳光并不吝啬，从清晨开始，她便一点儿一点儿地渗透进来。直到整间病房都被照亮，她就骄傲地向人们宣布：新的一天来了。新的一天，有新生的可能，有康复的期待，有好转的希望。饱受病痛折磨的病人，总很在意新的一天的到来，我也不例外，迫不及待地想下床看一眼太阳。

手里的遥控器"嘀嘀"地响着，伴随着它的声音，病床的前端缓缓升起，我也略微调整了一下一天难得调整一次的姿势。随着床的升高，我的颅压也在急剧地上升，大脑又很快处于昏昏沉沉的状态，几分钟后，我才恢复正常，扫视了一眼还算宽敞的病房，这就是我每天的视力范围。它囚禁了我的躯体，却抑制不住我心灵的渴望，阻挡不了我对阳光的向往。

我的双腿由于连续多天躺在床上没有活动，肌肉已经部分萎缩。我把双腿按医生指导的姿势在床上向不同的方向缓慢伸展着，让两腿的知觉慢慢恢复，以增强两腿的支撑力，这是下床的关键因素之一。

见我两腿活动基本正常了，守候在一边的爸爸妈妈把我的双腿向右移动了一点儿，帮我穿裤子。由于身体的扭曲，穿上一条裤腿后我感觉不适，只好把双腿移回原位休息。几次气喘吁吁之后，裤子终于穿好了。整天躺在床上，我很久没有和它们打交道了，穿上之后，倒是倍感亲切。

接下来是最艰难的一步。我身子逐渐右倾，妈妈扶着我的后背，爸爸扶着我的双腿，我侧坐到了病床右边。保持了几分钟的坐姿，调整颅压，准备下床。爸爸递过来一双拖鞋，我颤抖着把脚伸了进去，很久没有站立过了，站在那儿能有一分钟，不知是喜悦还是心酸。

不幸的是，我很快就呕吐不止，也许是虚弱的身体暂时还不能适应这正常人最简单的动作吧。呕吐过后，我只好又坐到了病床旁边休息，虽然觉得有点儿累，我却没有躺着，我怕一旦躺下，再想站起来又要重复刚才的痛苦。休息了一会儿，我毅然再次站了起来。在爸爸妈妈的搀扶下，虽然脑海里一阵天旋地转，但我终于还是站稳了。我掩饰不住一阵小小的激动，望了一眼窗口，我的太阳，我来了！

尽管每一步都如履薄冰，如临深渊，伴随着种种风险，但我还是勇敢地迈出去了。经过一段十余步"长征"般的路程，我终于来到了窗户旁边。趴在窗台上，看着那久违的太阳，我的脸上露出了一丝幸福的笑容。

咫尺的幸福，着实让我快乐了好长一段时间，那一刻，害病中的我，仿佛一下子获得了心灵的慰藉与栖息之地。

生活的常态

余剑飞

生活，一个看似很平常的话题。我们每个人都在生活着，对生活了如指掌，却没几个人能说得清什么是生活的常态。

到底什么是生活的常态？

不用问，当你听到这个问题的时候一定会歪着头想上一会儿，再摇一摇头。

"常态"？这个词好像在化学上出现的频率最高。那好，我们就来做个化学实验吧。

先取一个盛有硝酸银的试管，向里面滴加氯化钠溶液。很快，试管底部生成了白色沉淀。看，这就是生活之始。

不理解？没关系，实验还在继续。我们再向试管中滴加碘化钾溶液，试管底部的沉淀慢慢由平淡的白色变成了亮闪闪的黄色，就像金子一般。

我们经历过多少金子般的生活啊！当我们是学生时，最盼望的事就是在学期结束的时候拿到一张奖状，然后交给大人等待夸奖；当我们失落时，当然希望有朋友上前安慰我们，支持我们。这些时候，我们甚至会放声高歌来赞美生活。我们会觉得，生活中的一石一草，都是那么美好。我们会庆幸自己有这么好的运气。

可是，没有什么好运可以伴随我们一生。生活，并不总是如糖似蜜，生活，有时也会味如黄连。

实验继续。等到黄色的沉淀完全析出，我们再向试管中滴加硫化钠溶液。不久黄色开始褪去，取而代之的是一片压抑的黑色。

人们总是把自己最不喜欢的日子称为"黑色星期×"或是"最黑暗的日子"。就是这样一些日子，有时可以压垮一些人。

华尔街永远也不会忘记那个"黑色星期五"。在那一天，长久以来积聚的经济泡沫在一瞬间迸裂，人们惊慌地抛售手里的股票，几百万的家产瞬间变成了一张张废纸。

有人痛苦，有人哭泣，还有人咒骂命运的多舛、生活的不公。

在黑暗痛苦的日子里，我们总是咒骂生活，总觉得生活亏欠了自己。

其实呢？

我们把黑色沉淀物摇匀，放在水管下冲洗。柔和而有力的水流冲洗掉了所有的沉淀，也洗掉了一切痛苦与浮华。留下的，就只有明澈的试管和一层水迹。

繁华落尽，浮生若梦。

生活从不亏欠任何人，也不偏爱任何人。生活的常态不是浮华，也不是痛苦，而是平淡而纯净的本真。正如那个试管，洗净铅华，方显本色。

最近看到一段视频，三分钟的录像记录下了昙花从花开到花败的动人之景。

我对昙花向来是"只闻其名，不见其形"的，这是我头一次看到昙花，很惊艳，不由自主地想起"冰清玉洁"这个形容词。

但，我印象最深的还是昙花凋落的瞬间。我见过许多花，它们总是大红大紫地张扬，摇头晃脑地弄舞，好不得意。但过些时候，一阵风起，它们便"零落成泥碾作尘"，只留下一个空空的枝杈，显得很颓唐。

昙花却不如此。凋落之时，它只是将花瓣轻轻地收起，很慢，若

昨日时光的祭司

非是加速播放的录像，根本无从察觉。

即使是凋落，昙花也美得让人心醉。

数根白色的玉须悄然收起，不曾惊扰夜的静谧；无力的花茎静静地垂下，像是等待涅槃的落凤——即使是落败，它也不会放弃自己的美好。

这一点，项羽和昙花就很相似。

项羽死在乌江，湍急的江水见证了项羽飞溅的热血。

项羽败得很干脆，不似有些人，败了，委曲求全，祈求胜者的怜悯；还有些人，败了，自暴自弃，对周遭横加指责，怨天尤人。但项羽不，当失败到来时，他只是轻叹一声"时不利兮骓不逝"便持剑上马，决战汉军。因为他知道，他就是败，也要败出气节，要对得起"霸王"这两个字！

昙花已败，虽败犹开。

苦 咖 啡

吴赛君

品一口，先苦而后甜。这是我对苦咖啡的印象。

第一次品苦咖啡，是在四五年前的一天下午。我大都记不起具体的时间和场景，却唯独对那一刻，那第一口苦涩初碰味蕾时的感觉记忆无比清晰，渗入心头。

喝下那口苦咖啡，其实是我酝酿已久的计划。那个时候的我，越是大人们明令禁止的事就越渴望去尝试，于是在一个阴暗而潮湿的午后，趁父母不在家，把椅子搬到橱柜前踩上去，从高高的柜子中取出那袋令我眼馋已久的咖啡粉。

隔着袋子我早已嗅到了苦咖啡那特有的浓郁醉人的可可香味。我的迫不及待随着开水在黑色的咖啡粉中蒸腾，那香醇在空气中氤氲，弥漫开来，随着缕缕白雾在空中缭绕盘旋而上，轻拂我的鼻尖，有几丝飘了进来，渐渐地，我全身都笼罩在了那乳白色的雾气当中，像霎时坠入了甜香的梦境。那雾气越发香浓了。我贪婪地闻着那好闻的香气，一边小心地用手捂着杯子，生怕这香味跑掉。

掌心的温度随着时间的流逝一点点散失，不再像方才那样灼热烫人。我小心翼翼地捧起杯子，挪到唇边。浓稠的液体顺着杯沿淌进我的嘴里，我满心欢喜地喝下一大口，还来不及舔舔嘴唇，一阵难以言喻的稠稠的苦涩才从舌头深处传递上来。纯正的不添加任何调料的苦，与我想象中的甜实在有着天差地别。一瞬间，喉咙处传来疼痛，那是委屈的疼痛，我开始剧烈地咳嗽，鼻尖一酸，眼泪猛地冲上眼眶，猝不及防。第一次喝苦咖啡就这样在难以形容的不解与苦涩中仓皇收场。

从一本书上看到一篇关于苦咖啡的文章。它说，品苦咖啡，第一口是涩涩的、浓浓的苦；第二口是淡淡的、甜甜的香；第三口，却是醇醇的、幸福的爱。

时至今日，我已经可以自如地在星巴克点着拿铁或是鸳鸯。但我却总是想起，当年懵懂的我冲泡咖啡的那一幕。我若是抵住苦涩接着喝下去，是不是也会喝到醇醇的温暖和幸福？

过了这些年，我终于醒悟过来，苦也能给人带来美美的幸福，只有知道了苦，人才会珍惜后来的甜。我也曾反复追忆，在我喝下生命中的第一口苦咖啡时，是否也有感受到那浓郁的苦中深深蕴藏的一丝微妙的甜？在我以天真的冲动去实现这个稚嫩的梦想时，我的灵魂可曾感受到丝毫甜蜜的喜悦？

答案不得而知。也许，这才是苦咖啡真正的滋味。

隐隐流逝的时间

徐　洁

在沙沙的运笔声中，在嗒嗒的脚步声中，在细微而又均匀的鼻息声中，时间像一缕轻风，悄悄地与我们擦肩而过，然后永远消逝，似一个无情决绝的西游旅人，往往给人一种伤感，又或者带来一种鼓励，抑或是引发着某些客观性的思考。假使要我给时间下个定义的话，我想，时间应该是无数个无形无声又真实存在的点的集合，并且是非间断性的，非可逆性的。

或许正因为如此，前人对时间的易逝才颇有感触。

"逝者如斯夫！不舍昼夜。"两千多年前，孔子伫立大江边，眺望滚滚流逝的江水，大发感慨。因为这一句，便引起了后世人或饱含情感或铿锵有力的诸多慨叹。

李白吟道"弃我去者，昨日之日不可留；乱我心者，今日之日多烦忧"，唱出"人生得意须尽欢，莫使金樽空对月"。纵然时光无情流走，韶华不再，他依旧恣意潇洒，狂放不羁。在他眼中，时间不带来伤感，却带来许多无奈。曹操亦兴"对酒当歌，人生几何？譬如朝露，去日苦多"之感，但他亦铿锵吟出"周公吐哺，天下归心"。苏轼游于赤壁，有感"寄蜉蝣于天地，渺沧海之一粟。哀吾生之须臾，羡长江之无穷"，但他亦豁达自语："逝者如斯，而未尝往矣；盈虚者如彼，而卒莫消长也……则物与我无尽也，而又何羡乎！"他们的感怀，可谓对孔子那句话的延伸继续。

当时间的脚步来到现代，我们听到"时间是海绵里的水，只要挤，总会有的"的比喻。当有人夸赞鲁迅时，他谦虚地说："我不过是把别人喝咖啡的时间用在了工作上。"还有保尔，他"将自己有限的生命献给人类历史上最伟大的事业——为共产主义而奋斗"，因而他"不因虚度年华而悔恨，不因碌碌无为而羞耻"；还有雷锋，他说"要善于挤和善于钻"。在他们的眼中，时间不应该被白白浪费，要将自己有限的时间用到有意义的事情上去，不要蹉跎岁月，虚掷光阴。

可时间是看不见摸不着的，而且也是听不到的，因而有些人便"欣于所遇，暂得于己，快然自足，不知老之将至"，将时间抛到脑后。但时间是不容抛弃的，每件事物或美好或邪恶都有一个时间的限度，他们的不停变化，与时间息息相关。

爱因斯坦也说："只有事件本身具有物理现实。"意思是说一个事件必须包括它所含有的所有元素才能反映其本质，这里的元素当然也包括时间。

所谓"大音希声，大象无形"，它或许就是因为这样而变得看不见、听不到了吧。时间是茫茫宇宙中一个巨大独立的部分。若说它是物质，难以令人信服；若说不是，而"宇宙是由物质组成的"，却又显得有些矛盾，真是渺渺兮难识其真面目。或许，我们更应该想的，不是它的流逝带给人的伤感，而是如何在这时间的长河中努力创造自己的价值，升华自己的生命。

任时光流逝，我自奋然前行。

让生活多些理性

张凤玉

学校库房后面有一个潮湿的角落，里面生满了绿色的苔藓。它们温存地挤成一片，享受着世界的安宁。阳光不经意地扫过这里，苔藓依然如故，没有展露特别的笑颜。面对此情此景，我忽然想：苔藓真的不喜欢阳光吗？

这是一个不好回答的问题，子非鱼，安知鱼之乐？但是，苔藓并不是只靠呼吸作用而生存的，它需要阳光，需要光合作用，这是千真万确的事实。每种需要阳光的生物应该对阳光都有一种天生的热情，那温暖柔和的抚摸，除了阳光，没有任何一双手可以将肌肤安慰到每个毛孔都如吃了人参果般畅快。然而，偏偏有生物钟情于阳光，却总是躲在阳光不能直射的地方，偷得几缕光亮，沉默地生长，一如眼前的苔藓。

我忽然明白，你热爱什么，却不一定要为了它而不顾一切；你需要什么，也不一定要赔上全部来获得。苔藓，你是一位了不起的哲学家。

马谡是诸葛亮十分赏识的将领，但是他贻误战机，不杀难以服众，诸葛亮不得不强忍悲痛，挥泪斩马谡；日寇杀害梁思成的亲人，但是名胜古迹是人类文明和智慧的结晶，他冷却国恨家仇，向盟军当局建议，轰炸日本时，在军用地图上标注出位置的古建筑，务必尽全力保护。

爱《红楼梦》中黛玉的忧伤，但谁也不愿成为黛玉，因为生活不会因为凄怆而风情万种；憎恶现实中的犬儒主义和玩世不恭，向往英雄主义，但不必去当堂·吉诃德，因为人生并不是简单的非此即彼。

苔藓哲学，无处不在。

我酷爱网络游戏。金戈铁马里残阳殷红如血，金戈铁马里傲月晶莹如玉，我喜欢在虚拟的世界里享受常胜将军的快乐。可是，我是高三的学生，我不得不把时间和精力交给"方程"和"运动"，交给单词和句型，交给练习和检测。我努力压缩自己对网上鏖战的感情，亦如苔藓努力缩小身躯，不让光芒近身，因为我怕贪图阳光而让自己一败涂地。

纪伯伦说："你的心灵常常是战场，在这个战场上，你的理性与判断开战，你的热情与嗜欲开战。"能够用理智战胜情感的人正如苔藓，爱阳光却并不为了阳光而不顾一切，有所求又要有所控制，在不顾一切的同时又顾及了另外的一切，在决定不顾一切地去不顾一切时，又选择不顾一切地去顾及一切，这样才会有完美的人生。

我知道，那些拥有无限热情的人往往也有无尽的理性，正如那些幽暗之处的苔藓，在夜色的墨凉里，也恋着阳光。

流 浪 者

钱蒨昕

若你有一个敢于幻想的头脑，那么你可能想过去流浪；若你有一份对自由的渴望，一片住在大脑里的大海或是沙漠，那么你一定是很想去流浪的。

想去流浪的想法不止一次地出现在我的脑海里，并且是十分强烈的。第一次产生这种想法是在看过一张照片之后。照片上并非一片广袤的沙漠，孤烟直，落日圆，亦并非一幅刻画出流浪者步履风尘的画面，背影孤寂而自由。照片上的一位女子，一袭旗袍，一头长发，笑脸满盈，文气温柔。女子叫陈平，笔名三毛，扫过照片之下她的简介——以自由不羁的灵魂浪迹天涯。

看着照片上这位极富气质的美人，第一次觉得流浪是一个多么美丽而富有想象力的词语。

三毛是一朵盛开在沙漠里的玫瑰。与温室里的花朵截然不同，那是一种更为天然的美丽，花上的刺，似乎也在滚滚而来的风沙里变得更加挺拔。于是开始以一种近乎悸动的心情拜读三毛那些流浪中的文字。她笔下的墨西哥是浓艳而带着血腥味的，而眼中的洪都拉斯是悲伤落寞的。

想要流浪的心于是变得更加悸动不安。

窝在家里的日子，开始用那些研究地图的无聊活动所打发。甚至不止一次地在地图上勾勒出一个个想去的国家与地区，圈圈点点，涂涂抹抹，又或猛然关上家门，游荡在人群稀疏的大街上，自然还不忘带上一只大得夸张的双肩包。幻想自己便是书上描写的那些自由的背包客，所过之处，大步流星。独来独往，自由自在。

类似于孩子一样的想法与行为，大概也只能发生在那什么都想懂又什么都不懂的年纪，只凭着一时的冲劲，想要到处留下自己的足迹。自然是没有实现自己所谓的流浪梦想，而当时只要一张照片和一行文字便能让自己魂牵梦萦的傻气，恐怕现在也没有了吧。

而那份悸动的逐渐消失，似乎也是因为一股冲动。

是在看了一篇题为《回家》的散文之后。那些极为细腻的文字，详尽地刻画了孤身一人漂泊在外的孤苦伶仃，颇为可怜。那份想要回家的情绪，也足以让人泪流满面。

我开始重新审视自己安居着的这个小家。母亲一如既往地在小窝的每个角落忙碌着。每逢日落之际，厨房的门隙总能飘来一阵清香。这是一种没有大起大落的小日子，比起踏遍千山万水的雄心，似乎来得更让人称心如意。我不确定在享受安定的同时是否意味着某种程度的疲倦，然而此时柴米油盐的生活确实是甘之如饴的。

心似乎就这么莫名其妙地变得安定了。

不知道想要流浪的冲动何时会打破刚刚从湖面升起的薄纱，至少此刻的湖面是平静如镜的。

朋友几天前一脸憧憬地对我说道："我打算在北京买套高楼的房子，最好在十四层。"朋友与我同龄，向往的神态，还有微微颤动的声音，都难以掩饰她的激动。

我笑言："你打算得可真早啊。"

"可不是嘛，很小的时候便有梦想了。"

很小时候，梦想。一句话，平静的水面顿时波澜起伏。

此刻的心情是美丽而舒缓的，像是一只慢慢蠕动的爬虫，轻微地喘息着，似乎是睡了千年又乍见太阳的模样。一成不变的现实终究没能敌过年少青葱的心，流浪的梦想也始终像个少年的样子，出乎意料地竟没有随着年代的风尘衰老了原本的音容笑貌。突然很感动，纵然仍未踏上过流浪的征途，却总归有这么一份心情或是称作梦想的东西，不离不弃地陪伴左右。

时至今日，倒也坦然了。想要流浪的梦想并非凭着最初的冲动，而是洗净铅华之后的坚持。

我想去那儿走走。

下次吧，一定。我对自己说。

存　　在

周　璨

阳光下簇新的一大丛油菜花随风摇曳着，仿佛在炫耀着它们的存在。

几年前便注意到了院子拐角处那一株细小的油菜花，金黄如阳光一般的花瓣，幼小而纤弱，很让人担心它瘦弱的身躯是否能承担得起生命的重量，让人怀疑它在暴风骤雨中是否会折枝或是倒下。它的周围是几棵高大挺拔的梧桐树，就连平平凡凡的杂草也比它高出了一头，与其说是为它遮风挡雨，倒不如说是与它争抢阳光雨露。

那时的我虽然怜悯它，却也抑制不住心中的不屑，我不明白它存在的意义是什么。在碧草连天的地方生长出一株油菜终究是有些格格不入的，况且与草儿争抢阳光养料也不是一件容易的事——存活与成长是要付出代价的。我就这样带着嘲讽与不屑关注着它，一天又一天，一年又一年。

而今天，当我突然把目光转向它的时候，却发现它已不是孤身一人了，也不再是曾经的纤弱娇柔、风一吹便摇摆不定的样子。它们已经很高了，早已高过了身边的杂草，簇新的花朵团聚在阳光下，耀眼异常，远看俨然一块金黄色的地毯。现在的它们不复当年的可怜模样，反而显现出几分生命的繁茂。我不得不承认它当年的坚持与奋斗，承认它存活于世间的价值与意义。

细细想来，或许世间万物本就如此，任何一种生命的存在，都有它自己存在的价值和意义。如果当初用碧草的青翠繁茂来衡量油菜，甚至以此剥夺油菜的生存权利，便会失去这日后的一份耀眼与夺目。

那株油菜终究是幸运的，没有人干涉它，没有人自作聪明地拔去它，所以它能够凭借不懈的努力去成就自己的一份辉煌，最终赢得别人的认可与尊敬。

世上没有两片完全相同的树叶，每样事物都有它存在的价值。喜马拉雅山有它的巍峨高峻，东非大裂谷有它的深邃迷人；大海有它的浩瀚辽阔，小溪有它的曲折多姿；熊熊烈火有它的炽热激烈，高山玄冰有它的晶莹剔透……没有谁能否认任何一件事物存在的意义，即便是两个相距甚远甚至在性质上完全相反的事物。

事物如此，人亦如此。法国大思想家帕斯卡尔说过："人是一株有思想的芦苇。"因为思想，人才会有所不同。正是因为不同，才有了春秋时代百家争鸣的局面，才有了人类思想的大繁荣。儒家、道家、墨家、法家都在历史上留下了浓墨重彩的一笔，使得今天多少人仍在"遥想诸子风华显"，憧憬那样一个自由进取的时代！

因为存在，所以合理；因为存在，这个世界才更有价值。

047

写在九月之前

鲁 莎

目击众神死亡的草原上野花一片／远在远方的风比远方更远／我的琴声呜咽泪水全无／我把这远方的远归还草原／一个叫木头一个叫马尾／我的琴声呜咽泪水全无／远方只有在死亡中凝聚野花一片／明月如镜高悬草原映照千年岁月／我的琴声呜咽泪水全无／只身打马过草原

——《九月》

幸福的人理解不了别人的忧伤，所以这样的人生游走在表面上。在这个九月来临之前，我开始触摸海子的忧伤，以厚重的岁月，以世事的沧桑。

以前读《九月》，感觉到的全是美，无与伦比的美。今年的夏天，这个多雨的夏天，再次走近海子，《九月》给我的是越来越深沉的忧伤，越来越恍惚的人世。

没有具体的人或事，没有具体的话语情景，只有一些象征的场景。虽然诗中没有告诉你具体的情节，但你却可以将那些慢慢渗透出来的象征场景，还原到现实中去。

具体的人或事在诗歌中虚化，只有一些影子遗留其间。或许正是这样，所以读海子的诗，会有很多迷惑。也正因为如此，给人带来了无限的想象与诱惑。

行进中的海子，一直向前。目标，遥不可及；孤独，如影随形。"前不见古人，后不见来者，念天地之悠悠，独怆然而涕下。"这是一种英雄的孤独。但海子的孤独远远不是陈子昂、荆轲式的孤独。海子，独自站在无垠的草原上，没有"涕下"，而是"泪水全无"。远在远方的风比远方更远，远方只有在死亡中凝聚野花一片……无法高傲的海子，仰望千年古月，亦无法悲伤，开始选择孤独——只身打马过草原。

孤独的陈子昂，如烈性的酒；孤独的海子，则是一位骑在烈马上，绝不哭泣的衣袂飘飘的青年。这种孤独，是一种行动的孤独，是一种明知不可为而为之的孤独。我的目标在远方，我的归途在千年之后。我的追求，也成了马尾。那匹时空之马，已然把我远远甩在世界之后。无奈的我，只有放弃，把远方的远还给自然。之所以我会"琴声呜咽，泪水全无"，全部是因为这种无法企及的距离。我不能放声大哭，我不能泪流满面，或许无力到深处，便是连泪水也不会有了，连声音也不会有了。

"大音希声，大象无形"，在海子这里得到印证。最悲伤的悲伤是无声的，甚至泪水全无。

孤独如海子，是一个爱至骨子里的人。把孤独留给自己，把美好留给人间——我愿有一所房子，面朝大海，春暖花开。对人，对世，爱到极致的人，终于以蝴蝶的方式，飘飞于世，飘逝于世。

我的琴声呜咽，泪水全无，只身打马过草原……

为了看看阳光

王玙璠

为了看看阳光，我来到世上。

——巴尔蒙特

曾经是一个偏执地喜爱窗帘的人，总觉得因挡住了阳光而投射在地板上的那一片斑驳的阴影里，有一种说不出的神秘。然而，我从未想过，只因那一次短暂的经历，却让阳光融进了我的生命，让它的魅力指引我灵魂的方向……

还是太阳未肯苏醒之时，我便来到了秀峰山脚下。它如同一位安静温婉的江南女子，在薄雾的怀抱中安然沉睡，山在虚无缥缈间隐约着，能看出几分窈窕的身姿。不禁想起"最是那一低头的温柔，不盛娇羞"。那似有若无中的，才是最令人心神陶醉的。

秀峰并不高险，攀爬起来也不太费力，不一会儿，我便来到了半山腰的一汪清潭边。此时，太阳已渐渐露出了俏脸。我看见，阳光时而轻盈地落在水面上，闪耀着金色的光芒，在如镜的水面上优雅地舞蹈着，舒展着自己曼妙的腰肢；时而乘着清风，顽皮地俯下身，吻着腼腆的清潭，清潭害羞地泛开层层涟漪，似乎都能瞧见那红晕未褪的粉嫩，而阳光依旧欢笑着，逐渐融合在这清凉中，它潜入水底，将沉睡的石块叫醒，惹得石块发出金闪闪的光芒。

这可爱的阳光，像十五六岁的小姑娘，刚出来，却怎么都闲不住。那娇羞、做作一点儿也不合适它，所谓的朦胧之美，在它欢快的舞蹈和灿烂的笑脸面前都黯然失色了。

它落在树叶间、石棱上，在每一个角落跳跃着，就像火苗，点燃了一切生机。它给小草送来翠绿，给花儿带来芬芳，世界因它而鲜活起来。

忽然间，我想到了这样一句话："阳光在那位卖牛奶的小姑娘脸上流淌，让她的脸变得红扑扑的，像苹果一样诱人可爱。"我感叹着造物主的神奇、阳光的美好。它将一切都变得那样美丽，哪怕是尘埃都会因它的存在而雀跃，绽放出属于自己的光彩。

我也终于明白，为什么梵高的《向日葵》永不褪色；为什么尼采到了晚年无论多么困苦不堪，却从未停下对阳光的赞美、对生命的热爱。阳光是生命的希望，是生命动力的源泉，是生命的奇迹。

为了看看阳光，我来到世上……

多　美

周梦园

我喜欢用双耳去沟通。

深呼吸，再凝神闭上双眼，两耳便成了与世界沟通的桥梁，带着你驰骋，深入生活中，深入自然界中，去聆听那些美好的音调，去放飞那些孩童时代的梦想。

听！太阳渐渐西移，那若有若无的声音，好似在表达着它对世界的留恋。落日的余晖透过树枝，洒在地面上，形成一片斑驳的暗影，我好像听得到树影的移动。

夕阳落在游子的身上，带去的是家的呼唤；归雁和夕阳嬉戏着，找寻着回家的方向。俯身，倾耳，你能听到太阳的胸膛中不断撞击发出的心跳，宽阔、博大，这是一种无比震撼的感动。

微风轻轻地掠过树梢，沙沙作响，惊动了枝头上那几只鸟儿。它们高兴起来，迎着风梳理柔软的羽毛——听，多美！不知是谁做起领唱，大自然无比青睐的合唱团便在大地上献出一场美妙的演出。清脆婉转的声音被风送到远方，在幽静的森林中回响，树枝也跟着节奏摇摆。那声音多美！驱散了心中的一份孤寂，让心重归宁静。

枯黄的树叶悄然落在了地上，与之前掉落的同伴们拥了个满怀——听，多美！它的使命完成了：在蓬勃的春天使劲生长，吸吮着大自然的乳汁；在酷热的夏天，伸展着身体，为世界多添一份绿色，为行人多献一份绿荫；在清凉的秋天，微风掠过，它华丽地旋转着投入大地。哦，它突然意识到，它的使命并没有完成，在寒冷的冬天，它将被白雪覆盖，将自己剩余的精华贡献给下一个新生命——落叶有情，它在消失之前只发出一声轻响，那瞬息的声音是如此美妙。

或许我们应该庆幸，我们有一双耳朵，可以聆听世界的美好，但同时也该哀叹，即使比贝多芬听得多，也未必领悟得到他的情怀。有的人多了一份思考，便听到那壮阔的歌声、那清脆的低吟和那奉献的颂歌。

053

晴 与 雨

张佳莹

　　冬天的早晨，阳光照进来，把窗格一条一条映在地上，我们就这样坐在阳光里。

　　如是，冬日里的晴天，总有让人心安的力量，如冷风中的一杯热奶茶，能够使空气都变得甜蜜。

　　也并非只是冬日，无论哪个季节，晴朗总是好的。人生也是这样，在生活的字典里，晴朗与美好共用一种解释。人生的晴天，便是有一个温暖的家、一份成功的事业，或者一个属于自己的美丽梦想，并且有朝一日，梦想成为现实。

　　而在那漫长的跋涉中，也总是会遇见雨天的。就像是面对一份病危通知书，把它拿在手里，如果你选择认命，那这个世界便不会有奇迹，奇迹只发生在永不绝望的时候。

　　林书豪用自己的方式证明，他也可以有晴天，而这样的阳光是在多少个雨天里，坚忍地摸爬滚打过来的。也许，他已经习惯了被球场的工作人员当作"闲杂人等"，习惯了看台上观众的冷嘲热讽，也习惯了在各个球队之间不停地辗转却始终无法找到自己的容身之处。幸运的是，在无数个被冷雨湿透的日子之后，他也终于拥有了晴朗。

　　三毛也说："马也好，荒原也好，雨季的少年，梦里的落花，母亲的背影，万水千山的长路，都是好的，没有一样不合自然，没有一样不能接受。"即使最后她并没有在这绵长的雨季里找到晴朗的出口，即使她选择了最决绝的方式，留给这个世界美丽而哀伤的背影，但那又何尝不是一种勇敢，至少她能够在另一个没人知道的远方，继续以自由不羁的灵魂浪迹天涯。

所谓的晴天，就是终于有一天，无论谁，在哪里，哪怕只是一个转身，都有最真的感动和幸福。

所谓的雨天，就是一个人或一群人，要走很长很长的路，经历过生命中无数突如其来的繁华和苍凉的坚强。

也许多年之后的你我，眉眼微变，平添了些沧桑，却不再那么任性，那么冲动，即使又一次风雨袭来，也能握紧希望。只因内心放晴，便不再有那么多顾虑与害怕，在未来，展开一切可能与不可能的飞翔，让无数个晴天、雨天砌成美好的过往。

昨日时光的祭司

以不变应万变

薛梦琪

很多事物的"变"都能牵起我们的激情。家里一盆毫无生命迹象的月季，次年春天又出新芽，令我们惊叹不已，继而赞美生命的顽强；一股从未断流的溪水突然停止歌唱，走过几个春秋又恢复昔日风采，使我们的心里也跟随它忧愁欢喜；眼见自己的孩子一天比一天壮实，一年比一年成熟，不能不让父母在收获慰藉的同时又生出几分岁月的感叹。"年年岁岁花相似，岁岁年年人不同"，若花也有情，看着人一点点老去的容颜，是否也能体察到一丝悲凉？

儿童最易体察"变"的魅力，他甚至会为发现蛹化为蝶而惊喜得大叫。在特殊的年龄段的青少年，一些细微的变化都可能令他们感伤。然而另一些不轻易被变迁打动的人，是不是真的都落入世俗的窠臼了呢？

某天清晨，阳光照耀着云层就像一把金子抛撒在清泉，眼尖的小孙女看到了天空中这壮美的一幕，拉着奶奶的手欢快地跳跃着、喊着："快看呀！奶奶！多美的阳光！"老奶奶停下脚步和孙女一起微笑着观赏了一会儿，轻轻地说："丫头，奶奶看过的日出比这要壮观好多倍哪！"

老奶奶也曾经历过小女孩儿这样的年龄，回想起她也曾一次次地为日出的壮美而折服。岁月流逝，当年的心境成了心头美好的回忆，只是这时，再也不会觉得那日出有多么震撼人心了。

　　美好的景致不停地变幻自己的斑斓外衣，不变的只是恬淡的内心。有智慧的人能一眼就看透它的本质。

　　许多年老的军人，当年的战斗英雄，当他们再次被人忆起时，早已回到偏僻的山村，不为人所关注。老人闲暇时候，不免与闲云、野鹤、流水、纤船对视。没有张扬，没有心潮澎湃，峥嵘岁月的波澜在胸中早已恢复平静，眼前风景就成了生命中不可或缺，也不足为奇的片段。

　　缺乏世事变迁的感知是遗憾的，然而何时，我们能达到这样的境界，因为彻悟这感知，面对外界的流光掠影，不再受其牵绊，只是默默面对，一如生命的过客。

回　归

陈凯迪

只有沉浸在音乐中，她才是快乐的；只有专注于音乐，她的乐声才是最动人的。

1

狭小的休息室里，挤着许多人，各种声音嘈杂得如一锅沸腾的粥，令人心烦。整个房间好像被笼上了一层淡淡的烟雾，空气里到处都充溢着大赛之前的那种紧张的气息。唯有她一个人静静地坐在屋角，低着头轻轻地抚摸着靠在身边的大提琴，动作轻柔又满含爱意。

镁光灯将白炽的光芒倾泻在她微颤的睫毛上，闭上的双眼将她和外面的世界完全隔开，她的世界里只剩下那把提琴和琴上流淌出的音乐。那一头泛着迷人光泽的披肩长发，那一袭蓝色天鹅绒曳地长裙，那忘情的拉琴动作……仿佛都成了这支曲不可分割的一部分。琴声响处，发丝飞扬，大提琴的雄浑与深沉被她发挥到了极致，经她诠释的音乐以无限的张力扑面而来，给人以一种说不尽的感动和震撼。

一曲终了，掌声如潮水般涌来……荣誉的皇冠金灿灿地嵌在了她黑亮的头发上。

2

第二天，全市发行量最大的报纸用了整版的篇幅报道了一位音乐神童的诞生。精美的图片将她送进了千家万户，一句句赞美的话语像一颗颗璀璨的珍珠镶嵌在她洁白的人生记事簿上。

纷至沓来的荣誉和一浪高过一浪的溢美之词将她心中的自信熊熊燃起，可过多的关注也渐渐成为她十六岁的青春里难以承载的负担。她似乎总是生活在一种紧张和忧惧里，生怕一个偶然的失误会毁了罩在她头上那圈炫目的光环。

每次演出前，她的心脏都好像被一道冰冷的铁链禁锢着，让她几乎无法自由地呼吸——她小心翼翼地处理着每一个音节，害怕无意漏掉了一个音符，而引来指挥家失望和迷惑的目光；她总是担心观众看到她按错琴弦，而惊讶地张大了嘴巴……她甚至会在睡梦中多次经历到这样尴尬的场面而一次次惊出冷汗。她活得好累，每次公开的演奏俨然变成了她难以逃脱的战场。在不经意间，名誉成了阻挠她前行、妨碍她正常生活的磐石。

3

她觉得自己被逼到了一条逼仄的峡谷里。华而不实的荣誉仿佛是时刻可以将自己撞得粉碎的悬崖，而自己挚爱的音乐则成了一条曲折蜿蜒、暗礁出没的小溪。心中的天平在名誉与爱好之间摆动，那种痛苦好似一个求生的人为挣脱捆绑在身的铁链而做的最后挣扎。

她将自己关在昏暗的房间里，久久地盯着倚在墙角里的大提琴——那深棕色的琴身传递着一种沉稳而质朴的力量，它像一位睿智的老者，默默地传递着人生的真谛。她伸出手去，用指尖触碰着，深情地拥住了她的大提琴，回忆起曾经度过的岁月——最初看到它时，她的钟情；拉出第一首曲子时，她的兴奋；获奖之后，她的狂喜……触动心灵的记忆一点点地唤醒了那个只专注于音乐的她，那个才华横溢的她，那个纤指奏华曲的她……

大提琴帮她找回了过去的自己，同时在她的精神世界里灌注进了一股执着而淡定的清泉。

寂静的夜里，她的指尖在琴弦上轻盈地滑动，她要将心血与灵魂全部倾注于音乐——这用生命与音符熔铸而成的声音的圣殿中去。

遗　　憾

诸子晴

　　去年冬季来时，这条路泥泞不堪，泥土混着积雪。如今正值盛夏重游此地，已铺好了柏油，心里一阵轻松，却听得阡陌上一伙年轻人在说："这儿好几年没来了。""去年半路上又给公事截了回去，如今来成了吧，老友却不在了，真是遗憾……"一辈子太短，遗憾却太多。

　　然而我不得不说，活在今生便没有草稿，别再轻易默许了遗憾的涂鸦。

　　一个很经典的问题是：令你最遗憾的是什么？每当这个问题抛出，我的耳边就出现了千百种答案，有人说得不到爱，因为想要爱时没能懂得付出，等到学会付出时爱已不在；有人说事业无成，因为热血澎湃时没有好的职位，等到遇见机会时已有心无力；更有人说就是一场病，任其蔓延直至病入膏肓才意识到生命的脆弱……终归叫人觉得遗憾。

　　人们把留住的叫作幸福，流逝的叫作遗憾。有人固执地等待着明天，期许幸福终会驶向自己，而眼看快要流逝，却不肯为之拼一分心力挽住。

　　"有花堪折直须折，莫待无花空折枝。"古人透过花开领悟时光应镌刻在当下的道理，承古拓今的世人自当琢磨。可当今时代的风华不约而同地直扑多愁善感悔惜当初之殇，皆道"此情可待成追忆，只是当

061

时已惘然"，叹天命所归身不由己，把阴差阳错赠予这一言不发的社会，实未曾尝"再回首已百年身"之哀。

真正成为遗憾的，并不是错过了的等待或始终难以触及的过往，而是没有活在当下、过分相信了未来。

遗憾是一种与唯美大相径庭的伤痛。不要等到一败涂地时才记起他人的忠告，不要等到无依无靠时才念起曾经的朋友，不要等到行将末路时才醒悟要热爱生活，不要等到有人赏识时才拾得自信。与其在考试失败后悔过，不如从开始持之以恒；与其在花开败后惋惜，不如栽培时悉心照料。

少一点儿情愫分给未来，多一点儿心血留在当下。那些该做的事，想去的地方，以及亏欠的心愿，静悄悄地置在我们的生命中。

不妨细想，有多少错过的我们曾有能力挽留。唯愿别再说遗憾，现实与我的期望背道而驰，而我依旧等待着来自当下的日光，普照这山川人海。

拥 抱 如 井

徐引子

收到许久未见的老师来信，附着一张照片：摄于济南的冬天，朔风凛冽，一行人的背后是银装素裹的玉树琼枝。照片上标注着一句话："时光是一棵默然的树，愿亲爱的孩子一切安好。"

这几天，我总是一闭上眼就看到那些连绵起伏的树，它们默默站在路边，站在城市的每个角落。

想起那时一手撑开无法丈量的黑夜，一手吃力地与立体几何做卖力的谈判。

想起那时在被窝里背英语直到深夜的微弱的手电光。

想起那时知晓期中考成绩后茫然无措的心情。

总会有人嫌弃，总会有人冷嘲热讽，总会有人投来鄙夷的目光。我时常自问：我真的一无是处吗？

那时我常相信一个人走的才是路，一个人看的才是风景，诗意不过如此。在心灵深处，给自己剩下寂然无声的黑暗。

像是总被这个世界遗忘、丢弃，于是自怨自艾，如同在一座孤岛踽踽独行，无人记得我，无人关注我，更无人要求我奋起直追。

真的甘心这样放逐自己吗？真的就这样走我的人生吗？我的内心挣扎着不敢发出呐喊。

为何要害怕前方？为何总认为自己孤独无依？我问自己。可总有一个声音在耳畔隐约闪现："梦想和鼓励其实一直都在……"

学校西大道有一排整齐的梧桐树，它让清晨的明亮推迟，让黄昏的黑暗提早。每天都有风吹过树梢的声音，像是大海安静的起伏，黄昏栖息的鸟经常被我们惊得扑啦啦扇着翅膀飞上天空。

就在这条林荫道上，那个失意的我与老师擦肩而过，那一声羞涩的"老师好"和躲闪的目光透露出自己的心情。老师叫住了我，我还记得老师跟我说的话，记得末了他给了我一个鼓励的拥抱。

原来我并不是孤身一人，原来并不是无足轻重，原来也并不是一无是处。

后来的日子就这样轻快地溜走了，我总在问我自己，我要的是什么。激励的心情让我昂然振奋，走出阴霾。

往事如风，那一个拥抱如井，让我明了：成长确实应该一路走来一路丢弃负担，摆摆手释然面对困难。感谢给我力量的老师，是他让我知道，哪怕有一天我走到了四顾茫然的境地，我也会把一个人活成一支队伍，永不气馁。

昨日时光的祭司

万里阳

伍尔夫说："生命的内核一片空荡荡，就像一间阁楼上的屋子。"就这样，就像是在混沌的时空里看见孤独灵魂的反射，空白而无力。曾经，有过对这个要求我匍匐称臣的世界胆小的质问，然而，它始终以一种不紧不慢的速度压迫过来，不带任何温度地洗过单薄而苦涩的青春。谁都明白它的意义，然而，谁又都不曾明白过它的意义。

站在十五岁的门槛——这样一个人生的尴尬年纪，我却早已抛弃了原不该抛弃的，这一切，本不该是我生命原有的姿态。

记忆里的那片苍茫与寂静总是在呼呼作响。那年暑假，我一个人倔强地跋涉进入深山。看不清来路的溪流从脚边攀缘而去，山林中的鸟啾禽啁紧紧地缠在我的背后，自上而下的夕阳镂空一切的杂质，铺成一条碎金小道。走在这样的路上，我放声大哭，风灌进喉咙，我如患失语症一般，胸腔里的热火与酸楚在沉闷燃烧。

有人说，像我们这样的孩子拥有平凡的出生和注定平凡的死亡。但是一路上都有梦想、信念、抗争、忧伤以及不停息的鼓点。曾经，总喜欢在晚自习的罅隙里一手撑着不可探知的黑夜，在笔记本上落下一行行不成句、不成段的文字。用伍尔夫的话说，这是错把倾诉当作创作的欲望。

写到这里的时候，半斜的夕阳透过棉布质地的窗帘滤成令人微醺的橙色，灿若霓裳，不带任何声息地染上鼻尖染上发梢。屋外不时传来顽童的嬉戏打闹声，对面人家飘过来阵阵菜香。一切，在这里静止。我想起之前的一次逃离，骑着破旧的自行车带着混沌而迷惘的心情去了我从不曾涉足的郊外，什么也没做，只是看了一眼远处的落日染红大片大片的稻田，仿佛一场声势浩大的离别。

契诃夫说："如果已经活过来的那段人生只是一个草稿，再誊写一遍该有多好。"伍尔夫说："我想我潦草的青春和也许同样潦草的人生是优美的，没有成为物欲猎取的尤物。"其实，内心拥有大海的孩子必定会拥有大海的生活。

时光需要安葬，青春需要祭奠，即使已然逝去或即将逝去。也要有最朴素的生活与最遥远的梦想。

伍尔夫这样告诉自己，我亦如此告诉自己和你们， 现在的抑或是将来的你们。

思

　　鲁迅先生有题于此：《为了忘却的记念》。我闻言时常忖度，在这精神二重性的呓语中是否能够找到适于今时今事的现实意义。思为纪念，不思为忘却，为了不思而思，其手段是思，最终目的却又不是不思。由此可见又走入了佛偈的无谓轮回之中，再无可觅之处，终是一声叹息。

　　胡适先生有一念，带他绕这地球行了三千万转。思之速度可谓快矣！而如风的速度伴着人类繁衍不息、世世代代。

圣诞，有什么不可以

苏李婷

2011年的冬至尾随着圣诞节而来。苏州人的冬至是大如年的，一定要全家团聚，祭天祭祖。所谓"百里不同俗"，在我们太仓这个不怎么重视冬至的地方，圣诞的味道明显更浓一些。看看各个商家挂出的巨幅广告，听听满街飘荡着的节日颂歌，你不得不承认，在今年冬天的这场PK中，圣诞老人又一次轻松取胜。

不仅是圣诞，同样舶来的情人节、愚人节、万圣节等也在黄土地上大行其道。于是，不少人以一副忧国忧民的姿态绝望地声称：中国传统文化必将绝种于我们这崇洋媚外的新一代；明明是中国人，又没有宗教信仰，一群年轻人屁颠儿屁颠儿地跟着那个大胡子圣诞老人跑，简直是长外国人的士气，灭中国人的威风。

这样的担忧，某种程度上确乎不是杞人忧天。在经济对外开放的同时，传统文化也势必遭遇外来文化的猛烈冲击。可是我认为，更多的年轻人，只是将其视为一个制造快乐、释放压力或者感受浪漫的机会，一个名正言顺的借口，而不是盲目地崇拜什么外来文化，摒弃中国传统文化。

中国传统节日遭年轻人冷落的一个重要原因，就是它略显古板与沉闷。比如端午节等是为了缅怀某段历史、某个伟人，比如春节是为了沿袭某项传统。千百年来千篇一律、缺少新意的庆祝方式，的确不能让喜欢大胆创新的年轻人兴奋起来。相比之下，洋节就自由了很多，也更注重个人的参与。快乐、惊喜与童趣是其主旋律，而这些，恰恰是背负着巨大压力的现代人所渴望的。它们仅仅是提供了一个释放天性的机会而已。

洋节的另一个特点就是告诉他人你的爱。情人节、父亲节、母亲节、感恩节等，都给了人们表达爱的机会，而这正是中国传统文化羞于启齿的。但这种精神交流，却又是每个个体以及整个社会需要的。爱与被爱，能让我们真切地感到他人的存在、自己的存在。

我们过圣诞，不是崇拜西方文化，只是给自己一个快乐的理由，一个表达爱的机会，这并不意味着我们将抛弃中国几千年的人文积淀，前两年"红楼热""三国热"等的出现，正说明了这一点。中国传统文化也能让年轻一代疯狂，只是他们的表达方式不像对待圣诞节一样为周围人所知晓。在国人为自己的文化危机而担忧的同时，美国人也正在世界的另一头嚼着中国菜，学着中国话，研究着《论语》和孔夫子……可见，文化的多元化是一种必然的趋势。

你从未卑微

张世普

生命的高贵不在于追求生活条件优越，而在于活出生命的价值和意义。

看到这样一则新闻：乌克兰总统亚努科维奇儿时的梦想竟然是要当煤矿工人。"矿工劳动是十分艰辛、繁重又危险的。只有那些勇敢的、强壮的男子汉，才配得上矿工的称号，胆小和孱弱者是不可能在井下工作的。"即便是多年以后已身为总统，他仍对自己儿时的梦想充满敬意。

可能是总统的梦想和他的身份落差太大的缘故吧，有的人看到了总统的作秀与炒作，有的人看到了名利的枷锁，有的人看到了观念的嬗变，我却从中看到了平实——总统其实也只是一个普通人，一个从卑微中看见高贵的普通人。

亚努科维奇出生在一个贫穷的冶金工人家庭，两岁的时候母亲去世，饱尝了生活的窘迫、人生的艰辛。当过气焊工、钳工、机械师、运输修理厂厂长。步入政坛后获得了工薪阶层的普遍支持。或许正是因为底层的艰辛经历，他才能一直对生活充满信心和勇气，敢于直面各种艰难险阻的挑战，演绎了从一无所有的穷小子最终登上总统宝座的传奇故事。

这个世界，有总统也有平民，有宫殿也有贫民窟，有美人也有残障者。有些人不停抱怨苍天不公，感叹生而卑微、命运多舛、出头无日……其实，大千世界中，生命从来就没有卑微与高贵之分，卑微只是强加的想象而已。人们各自以不同的人生体验解读着高贵与卑微，有人读出追求与奋斗，有人读出绝望与悲凉。然而，很少人注意到，当被定义为卑微的事物开始守候心中的彩虹时，卑微就会变得美丽而高贵。

高贵只是相对，卑微却永恒。站在时间的渡口，每一个人都同样卑微。我们在感慨生命的无常与渺小的同时，又时常被生命的奇迹打动和温暖。我们不得不承认，有了卑微，才有了高贵，是卑微创造了高贵。那些孱弱的生命散发的光芒，是那样夺目和美丽，他们让我们相信，无论生命中有多少残缺，只要心灵充满阳光，高贵就会得以永生。

心 如 鲜 花

张 普

　　叶倾城曾写过一则故事，说的是美国总统里根遇刺，副总统布什得知消息后立即乘飞机赶往现场。依照常规，飞机需要降落于机场，然后换乘军用直升机飞抵副总统住所附近的停机坪，再驾车过去。随从建议，应该特事特办，直飞白宫总统停机场。但布什最终没有采纳，理由是：美国只有一个总统，副总统不是总统。有人认为这是尊重，里根虽然昏迷不醒，代掌国政的布什仍对他执副职礼，是坦荡荡的君子之行；有人认为，总统遇刺副总统是受益者，有作案的嫌疑，美国历史上有此先例；也有人认为，布什在故意拖延最佳救助时机，随里根自生自灭，以获得最大利益。

　　看后掩卷沉思，不由倒抽一口冷气。若以此逻辑推理，善与恶根本无从分辨。于是想起金庸所著《笑傲江湖》中的华山派掌门岳不群。他为名利弃妻、舍女、杀徒，在使用一切可以使用的手段将嵩山派掌门双眼刺瞎后，居然还假惺惺地要遍寻名医为他治病。虽然，岳不群最终身败名裂死于非命，不过，他却对日月教光明左使向问天说了一句非常经典的话："自君子的眼中看出来，天下滔滔，皆是君子。自小人的眼中看来，世上无一而非小人。"俨然一副正人君子模样。造化弄人，就这样一个伪君子却教出了一个至善至真、武功独步天下的徒弟令狐冲。金庸在后记里说："人生在世，充分圆满的自由根本是不能的。解脱一切欲望而得以大彻大悟，……不是常人之所能。那些热衷于权力的人，受到心中权力欲的驱策，身不由己，去做许许多多违背自己良心的事，其实都是很可怜的。"在金庸心中，无论善恶皆含悲悯之意。也唯具有如此大慈悲者才写得出如此动人心魄的小说。

又想起苏东坡与佛印禅师论道的故事。苏东坡问佛印："大师，你知道此刻在我眼中你像什么吗？在我眼中，你像一堆牛粪。"佛印回应说："在我眼中，你是一朵鲜花。"苏东坡回家和苏小妹说起此事，苏小妹说："佛家有云，心中有即眼中有，你看他是牛粪，是因为你心有牛粪，他看你是鲜花，则是因为他心如鲜花。"不由一声叹息，即便才华横溢的文豪大家也未看透因果，倒是名不见经传的苏小妹一语点醒梦中人。

恻隐之心人皆有之，善恶之分系于一念。美丑善恶只是不断选择的结果。任何一个故事都有多种解读方式，所有行为都可能同时被诠释成善与恶。只有胸存悲悯，心如鲜花，反思人性，改良人性，剥离掉那些潜藏在灵魂深处的自私，人生和未来才不至于再那样冰冷无情得令人寒心与无奈，否则将永远走不出绝望、压抑的阴影。

逃　离

潘昭宏

　　许多人愿意相信自己活在童话里，尽管他将面对的现实生活怎么看都不像个童话。

　　这样的人心里有一个自己创造的世界，那使他感到心满意足；而他的心外却是另一个无比真实的、他所不能改变的世界。两个世界之间的差距是不言而喻的。他沉浸在自己的世界里无法自拔，却在现实世界里浑浑噩噩，这样的差距或许会让他疯狂。他所寄身的现实世界没有童话故事那么纯洁美好，于是他想逃离，去寻找一个与自己内心的童话相吻合的新世界。他忘了，他是注定要生活在现实中的，他一意孤行地想要逃离，这种欲望就像一支浩浩荡荡的军队，不可阻挡。

　　其实每个人都会经历这样一个阶段，或短或长。现实不会总是顺遂我们的心愿，所以无论是谁，都有想逃离的时候。

　　每个想逃离的人都不知道自己该去哪里寻找童话，他只是想早早脱离眼前这个世界。于是不同的人会选择不同的方式逃离，或许有点儿慌张，或许毅然决然、头也不回。或者，像三毛那样，万水千山走遍。在失去荷西以后，三毛一度陷入绝望。她像儿时翘课逃学一样逃离到没有人知道的地方，继续以自由不羁的灵魂浪迹天涯。或许三毛的逃离是去追寻荷西的灵魂，追寻他踏过的每一寸土地、潜过的每一片海域。三毛的逃离使她重拾了生活的希望，使她的文字撼动人心。在逃离的过程中，你可以孑然一身，潇潇洒洒，也可以满负背囊，准备充分。但是你不能因逃离而放弃生活，而是要寻找新的生活希望。

逃离，是为了更勇敢地回来生活。

我想起了前一阵子看过的一部电影，女主角在一个安静的夜晚离开家，去寻找一座山中小屋。她视这次逃离为旅行，她知道她的旅行终会结束，所以她没有一直逃离，而是几天以后回到了家。她找到了山中的小屋，找回了童年的回忆，也找到了更快乐生活的勇气。她在这次逃离中成长——而逃离的意义，或许就在于此。纵使你有多么想逃离，无论你已逃到了哪里，总有一天，你会回来。回来不是向生活妥协，而是让自己换个姿态更好地生活。

生活允许我们小小地逃离一下，然而一味地逃离、躲避却意味着懦弱。我们不提倡"逃避主义"，我们也不可能完全脱离现实生活。我们偶尔愤世嫉俗，我们的逃离大多也只是在心理上，因为我们依然在按部就班地生活、学习、做题、考试。逃离只是成长中的一段小插曲，就像一个甜美的梦，早晚会到梦醒的时刻。逃离不会成为我们的归宿，无论我们多么想浪迹天涯。

075

如果你想逃离，请记得回来。

如果你已回来了，请从容地拥抱生活。

我与"别人"

陈　瑞

我讨厌"别人"。

"别人"的幸福总是那么耀眼。

没有花容月貌的"别人"，可能有美满的家庭；没有美满家庭的"别人"，可能有骄人的成就；没有骄人成就的"别人"，也一定有一个健康的身体。我不懂，为什么大街上、商店中、餐厅里到处都是"别人"的快乐。睁开眼，是"别人"手舞足蹈的身影，就连闭上眼，脑海中挥之不去的也是"别人"的笑脸，它们像雾、像梦，久久地不散开，不醒来，让我落荒而逃却又无处藏身。那欢声笑语就是一根根毒针，疼痛穿透我的五脏六腑，在心房烙下一道永远无法愈合的伤痕。

耳朵里听见的，一声声，都是夸奖"别人"的话语。家长们总对孩子们说："你看看别人家的孩子，又听话又懂事，成绩又好。你看看你自己，一天天就知道玩，玩，玩，不知道上进。"妻子们总对丈夫们说："你看看别人家的老公，洗衣、做饭、打扫，样样在行。看看你自己，一回家就往沙发上一倒，什么事都等我伺候你。"……本来"别人"没有那么讨厌，可总有人拿我们和"别人"比，每次都把我们比得一无是处。这样的"别人"，怎么可爱得起来？

我常想，若没有别人，我的幸福会不会更加灿烂些？

有一天，我做了一个梦，梦见这个世界上再没有了"别人"，我很兴奋。

我梦见我拥有了美轮美奂的楼房，我去了心驰神往的游乐场，我看了一场盛大的烟火，我还获得了许多国际知名的奖项。起初，幸福感像汹涌的潮水一般向我涌来，瞬间将我淹没，可是，没有"别人"为我的成功鼓掌，也没有"别人"同我分享这份快乐。渐渐地，幸福感没有了，取而代之的是铺天盖地的寂寞，我甚至开始希望自己不曾存在于这个世界上……

我被吓醒了，惊出了一身冷汗。

原来，若没有了"别人"，我也无法成为我。

是"别人"，充实了我的幸福；同时，我也充实了"别人"的幸福。我与"别人"，是彼此依存的。有了"别人"，才有了我；有了我，才有了"别人"。

祝"别人"幸福，也祝我幸福。

童年在哪里

苏璐敏

这是一个追求高速、崇尚时效的"快"时代，这是一个急剧裂变、迅猛膨胀的"快"时代。在这样的时代动车上，孩子们的童年似乎也日渐"缩水"得厉害！小学生林妙可在自己的微博上对媒体评价其"过早发育"的言论进行了极为严肃的抨击，言辞之间充满成人味道；"五道杠"少先队员黄艺博频频参加官方活动，开博客写文章，豪气干云，俨然一个成熟的政治家；"小周立波"张冯喜在"中国达人秀"节目中一炮走红，赢得周立波本人的酷评——是个天才，但没有天真……

尼尔·波兹曼在《童年的消逝》里说："儿童是我们发送给一个我们看不见的时代的活生生的信息。"而如今，一个个早熟的孩子已经告诉了我们残酷的现实：童年已不再天真了。

童年在哪里走丢了？我们不能不叩问。

童年在急功近利的社会风气中走丢了。"天下熙熙，皆为利来；天下攘攘，皆为利往"，物质欲望的操控过早地吞噬了童年。在诸如"出名要趁早"之类虚荣浮华观念的侵蚀下，如今成为公众人物的趋势越来越低龄化。

选秀的舞台上，孩子们越来越老练、圆滑，懂得讨好评委，取悦观众，模仿搞怪……无所不能，活生生一副市侩相，纯真无邪早已荡然无存。之所以如此，是因为社会环境的"大染缸"使然。尤其在成人世界的种种厚黑学、种种潜规则的潜移默化的催熟下，他们的童年已被删除，无法恢复。

童年在拔苗助长的家庭教育中走丢了。"赢在第一步""先下手为强"之类一厢情愿的家庭教育，肆意践踏儿童身心健康成长的自然规律，扼杀了童真的天性。曾有人这样描述"中国式父母"的包办教育：孩子五岁，我给你报了少年宫；七岁，我给你报了奥数班；十五岁，我给你报了重点中学；十八岁，我给你报了重点大学……在父母定制好的轨道上按部就班、"有条不紊"地成长，是永远成为不了自立自强的一代人的。为了成龙成凤，为了出人头地，他们已过早地被家长剥夺了本应快乐自由的童年。

浑浊世风和失衡家教的双重束缚，让童年的五彩泡泡一个接一个地爆裂。听啊，"救救孩子"的警钟已经敲响，而大人们仍旧以各种各样爱的名义，囚禁着童真。谁来解放这些无辜的童年呢？

几米在《我不是完美的小孩儿》里说过："小孩儿闭上眼睛，看见了花、看见了梦、看见了希望，大人闭上眼睛，睡着了。"当童年无忧的时光中时刻充塞喧嚣的是成人的算计，当童心青葱的田野里到处奔突的是成人的世故，童年凋谢了！我多么希望大人们擦亮眼睛，能看得见孩子们面对一朵野花绽放的甜美的笑靥，看得见他们梦想天空中点燃的颗颗璀璨的希望之星！如果你们真的爱孩子，就请毫无保留地还给他们一个纯真无瑕的童年吧！

没有候鸟的天空

崔昱晨

不知什么时候，抬头仰望天空，那苍白的背景下已不见了候鸟的踪迹。

不知是我忘记了看它们，还是它们早已忘记了飞往南方的路？

当那一只只黑洞般的烟囱十分"慷慨"地倾吐内心的郁积，当那一台台隆隆的机器挥着利爪奔向茂密的树林，我不知道那些脆弱的生命，能否躲过那致命的一击又一击。

又是一阵风吹过，弥漫着尘埃与尾气，夹杂着淡淡的腥味。我的脑海中不禁闪过那餐桌上被敲得粉碎的猴的头骨，那高原上被剥了皮的成片的藏羚羊的尸体，那集市上被拎着腿叫卖的青蛙……当人的掠夺与其他生命的脆弱联系到一起，竟会产生如此令人战栗的结果！是的，终有一天，我们将再也听不到自然生灵那美丽的歌唱。

于是，人们高呼："珍爱环境！爱护动物，保护大自然！"我不知道在这之前，有谁是对自然万物怀有同情与悲悯之心的。人类常常以高高在上的姿态俯视脚下的自然与生命，以自傲的、毫不拘束的态度面对自然赋予的一切，却始终不懂得用一颗柔软的心去聆听一下动物的心跳，去感受一下植物的呼吸。只有当清晨习以为常的鸟鸣消失在记忆的边缘，人类才意识到：哦，是时候了。

我不知道在这之后，又有谁是对自然万物怀有同情和悲悯之心的。这种由口号催发的同情，也许只是一种肤浅的态度——人类依然在以唯我独尊的态度，同情和悲悯周遭的自然万物。拥有美丽双翼的鸟儿被剥夺了自由，整日锁在笼里，被喂以精粮和纯水，那清亮的音符没了；拥有健壮身躯的雄狮被关在了动物园的"橱窗"里，整日面对熙熙攘攘的人群，磨尽了昔日的威风，那森林的王者去了；拥有漂亮尾鳍的鱼儿被封在了透明的鱼缸里，整日饱吞鱼食而无所事事地游动，被一只只手指挑来弄去，那水中的精灵困了……人类真的是在同情吗？笼中的鸟儿已不会歌唱，栏中的雄狮已不会奔跑，缸中的鱼儿已不会逆流而上……被囚禁的动物们，已丧尽了最基本的生活技能。这种同情，真的是同情吗？人对其他生灵的感情，就只能是简单的同情与悲悯吗？

不知从什么时候起，人类的真爱与热情，才能唤回一去不复返的候鸟。

没有候鸟的天空，苍白孤寂。

从依赖到摆脱

邹相昀

我们原本是离不开路径的。航海时的茫然，森林里的迷失，沙漠中的绝望，都是因为没有现成的路径可走。然而，当我们沿着这条路径达到了一定的境界后，又必须摆脱路径，才能更上一层楼。从依赖路径、改造路径到摆脱路径依赖，正是一个普遍的发展过程。

艺术的发展历程体现了从路径依赖到摆脱的过程。"操千曲而后晓声，观千剑而后识器。"书法学习就是从临摹起步的，传世碑帖为我们展示了一条明朗的大道，沿着这条道路，我们才得以由浅入深。

历代书法家无不是依赖这条路径登堂入室的。那么，仅仅靠路径就能获得成功吗？明清时的"馆阁体"给出了答案，这种字体由于遵循一定的模式，有其工整美观之处，但又过度依赖这种模式，以致缺乏个性，无法突破。相比之下，以苏轼为首的"宋四家"，摒弃了唐人法度森严的风气，提倡"尚意"，从而开创了一代书风，体现了摆脱路径依赖对突破自我的必要性。同样，绘画的发展——从对客观事物完全复制的写实，到摆脱客观事物寻求表达自我的写意——也体现了从依赖路径到摆脱的过程。可见，这一过程是艺术发展的必经之路。

经济体制的发展也体现了从路径依赖到摆脱的过程。新中国成立之初，走了苏联发展的老路，逐步完成了社会主义三大改造。许多社会主义国家最初都是在前苏联模式中得以发展的。此后，前苏联进行了改革，可是，斯大林以后的三任领导人都无法从根本上摆脱斯大林模式，以致体制僵化，最终导致国家解体。许多东欧社会主义国家也都没有摆脱这一路径而导致政权更替。而中国最终突破了这一发展模式，摒弃了"社会主义只能发展计划经济"的观点，不再依赖于原来的路径，使改革取得了实质性的进展。可见，经济体制的发展也是经过从依赖到摆脱的过程，才能适应变化，国家得以发展强盛。

科学研究的过程也是如此。如果牛顿不是"站在巨人的肩膀上"，他能够看得如此之远吗？沿着前人开辟的道路，他才建立了经典力学理论体系。此后，物理学进步缓慢，直到普朗克等人抛开这一体系，转而研究量子力学，物理学的发展才能够再次豁然开朗。这同样是一个从依赖到摆脱的过程。

路径正如婴儿的学步车，它可以让孩子更加容易学会走路。然而，如果不摆脱这一车子的辅助，孩子永远也无法学会独立步行。只有从依赖走上摆脱，从而使路径成为我们前进的工具，我们才能从中受益而不至于受桎梏。

思

定位，映射生命的高度

冯竟楠

同一双鞋，定位不同，会有不同的价格；同一个人，定位不同，也会拥有不同的追求，成就不同的人生。

一双鞋，打上不同的品牌，便会拥有不同的价格。那么，你又是什么品牌呢？

是的，鞋因品牌价不同，人凭品格分高低。同样拜师于鬼谷子门下，同样生活于老林深山，孙膑与庞涓却有着不同的命运和相差甚远的口碑。同样的条件，同样的机遇，缘何成就了如此迥异的人生？孙膑安贫乐道，不汲汲于名利；他待人友善，坦荡洒脱。反观庞涓，则迥乎不同：好高骛远，野心勃勃，总想凭一己之力号令天下；心胸狭隘，嫉贤妒能，总想除掉前行障碍以期成就"一代吴起"的美名。不同的品格，不同的定位，终究为他们挂上了不同的"品牌"，而品牌的优劣，也彰显了他们生命高度的天壤之别。

一双鞋，放在不同的位置，也会有不同的价格。那么，你又把自己放在了何处呢？

地摊上不过几十元的鞋子一旦放到商场、专卖店，价格会涨到几百甚至上千。所以，找准自己的位置，才能将内藏的光芒尽情释放。就如淮南之橘种在淮北，只能长成苦涩的枳；就像挺拔于大漠的胡杨若生长在水足土沃的江南，它便再也不会粗犷豪迈。如果一个人找错了自己的位置，命运的星空便会黯淡无光，生命的高度也会一落千丈。定位自己的人生，找准前行的方向，你会在蔚蓝的天空下尽情翱翔。

如果把人比作鞋子，那你只是一双鞋子中的一只。一只鞋子，纵然出身名贵，纵然置于最醒目的位置，可又有谁会慷慨解囊！形单影只，失去了你的另一半你便失去了价值。所以，找到你的"另一半"很重要。当然，这里的另一半绝不是狭义的陪伴你一生的情侣。这"一半"可能是与你互利共赢的助手，抑或是与你和谐竞争的对手。一种默契、一种协作，便在"另一半"的定位中升华。

"嫦娥"行空，"天宫"信步，固然离不开中国科技工作者的拼搏，更离不开科技工作者的团结协作，离不开国际航天的"危机"争夺。好鞋一只不行，高人一个不能。定位合作，良性竞争，你会奋发向上，会做得更好，攀得更高。

一花一世界。一个人如果要实现自己的价值，就如同一双鞋子，必须放对自己的位置。

一叶一菩提。在心里种一朵花，你会养成良好的品格；在心里种一朵花，你会在生活中找准自己的位置，拥有属于自己的生命高度。

世界虽大，鞋如人生。找准你的世界，定位你的生活，你的生命便在巧妙定位时葳蕤绽放。

思

曹晓雪

子曰：思无邪。人皆有思，人皆有念。思之手转动了工业革命的齿轮，思之眼洞穿了文明的黑洞，思之耳留证了历史的足音，思之齿刻下了文化的印痕，思之肩扛起了经济繁荣的使命，思之脚正引领我们一步步走向未来。

而万物皆生于两极。好比"性善论"之外有"性恶论"一般，由"思"一字，亦可衍出善恶的两端。

譬如工业革命金色战袍下遮掩着的罪恶与腐朽，譬如核战争迟迟不散的恐怖阴影，譬如历史兴亡中无数覆辙间的冤魂，譬如焚书坑儒文字狱以及众多惨遭血洗的文化，譬如看似飞速发展的经济底下流淌着的分崩离析的浊流，譬如环境污染生态恶化等老生常谈而又永不会堕失不见的危机，譬如所有这一切所导致的我们无法也不敢预知的未来。

人类似乎是天生乐观的生物。人类习惯利益最大化、效益规模化，我们有无数方法降低成本和投入，却不能拿出有效的办法减少环境污染；一边呼吁保护人权，一边拼命榨取工人剩余价值；一边呼唤和平，一边研究出新型武器。这是思之万能，抑或是思之无能？

鲁迅先生有题于此：《为了忘却的记念》。我闻言时常忖度，在这精神二重性的呓语中是否能够找到适于今时今事的现实意义。思为纪念，不思为忘却，为了不思而思，其手段是思，最终目的却又不是不思。由此可见又走入了佛偈的无谓轮回之中，再无可觅之处，终是一声叹息。

胡适先生有一念，带他绕这地球行了三千万转。思之速度可谓快矣！而如风的速度伴着人类繁衍不息、世世代代。

千秋万岁，我们确要走千秋万岁。诚如鲁迅先生所言的那由思到不思的过程倒也罢了，倘或永远在"思"的阶段停滞不前，我们只有遁入灭亡。但说到底，"不思"倒也不是真的"不思"，它是"思"的更高境界，消湮了一切美好所带来的次生物，冲塌了带着"思"之面具的罪恶。到最后，手和齿轮，眼和黑洞，耳和足音，齿和印痕，肩和使命，脚和未来，这一切都没有变。而我们不再有腐朽、阴影、冤魂，不再有危机和暗涌——

那才是真的未来。

思无邪？或许吧。

或者事实上，一念起，一念灭，善恶一念间。

立 于 河 外

郑楚晴

　　时间的河从身旁汩汩而过，世事漫随流水——鱼儿畅游于水间，却不知前路宽窄深浅；水重奏替代了笙簧，哪知使得水草缱绻欢畅。我们同样身处时间的洪流中，无论高低远近、横看侧观，仍旧无法识得"庐山真面目"。欲观其大略，察其全貌，只应站在河外。

　　逆着时光的纹络而去，秦王车过时，那少年指车而言："吾将取而代之。"其睥睨天下的野心顽固得像石头。乌江水低鸣而去，一句"虞姬虞姬奈若何"被撰成日月经书，诉说的是何等柔情！这是属于西楚霸王的力可拔山和儿女情长。只是那时的结局中，他败了。于是大殿上酒酣击筑而歌"大风起兮云飞扬，威加海内兮归故乡"的刘邦便成了卑鄙小人，受尽万千黎民的鄙夷。

　　渐渐地，伴随光影辗转，思想的后浪颠覆了前浪——这被视为地痞流氓出身最终崛起的人物，从谏如流，实行黄老之策，社会得以休养生息。时光涣散，黑夜里挑灯流浪的人们，有了家。是非浮水而出。

　　且一睹秦皇扫六合，虎视何雄哉！这位操控满城风雨的君王，带给人民无尽的压迫和颠沛。那道用人民的血肉筑成的长城，作为一桩悲剧，席卷过华夏，遍地成冢，黎民悲恸。于是，秦始皇招来的千古骂名堪比蛀虫，蛀空了堂堂殿上之君的尊荣。

　　殊不知——这奔腾的怒血中洗涤过的绵绵城墙，捍卫了后世多少黎民百姓，让多少人不受国破家亡的苦痛！时至今日，两千年前深入骨髓的恨竟被染成了感叹，化为中华民族引以为傲的文化遗产。

再忆时间的书卷，司马迁因直言而遭受腐刑，而我们站在历史的边缘，看他终著信史照尘寰；杜子美虽长夜沾湿衣襟，但其笔底波澜却经受住了时间的考验，吟诵出"大庇天下寒士"的千古绝唱；人类于天地间劳作休息，懂得四季更迭，风雨征兆，可我们的祖先对风神雨神这些臆造的虚无却顶礼膜拜了多少世纪！夏雨去了春红，是摧残了一隅美景，还是催生了一方天地？如若沉湎于当时，便无从知道。

随着时间流逝，最客观的事实会浮出水面。而所有"只缘身在此山中"的盲点，都需要我们以一个旁观者的姿态去消除。欲看到最通透的风景，只有站在河外，观其大略，察其全貌。

089

思

当时只道是寻常

　　人如何改变更是取决于自己所追逐的东西。一旦选定了追逐的东西，似蚂蚁般迷茫，却又只能像落入罗网的昆虫般无法自拔。选择了追逐权力和利益，真实的感情就只好装作视而不见，这是生命不可承受之重。放逐山水，归隐田园，刑部的天牢或是华贵的病榻，放弃之后，不知又是不是生命不可承受之轻。面对不同的前进方向，回首一起走过的旅途，可也只能说一句："人生若只如初见。"

渴望童话降临

——读《看上去很美》

王 井

红色和白色的封面，封底写着"这一次，王朔的文字饱含深情"。

封面模糊的小男孩儿的头像，很像20世纪80年代在工体吼着"一无所有"而成名的崔健。

封面和封底印着两段文字：

"我有一种神奇的能力，可以加快时间的流逝，遇到尴尬危险无聊便翩然离去，来年再说。他却无从逃身，永远留在现实里，每一天都要一分一秒地度过，太阳不落山，他的一天就不能结束。从这点上说，他的生活远比我所知要多、丰富。很多事情我不知情。没有我的日子他独自面对的都是些什么？为什么他和别人的关系会有这样那样的变化？我想我错过了很多重要的时刻和机会，以至今天也不能说真正了解生活。"

"我知道他的绝望，如此漫长到一眼望不到头又不可省略的一生真叫人不堪重负。我们看不透其中的内容，不知道前边有什么在等着他，无论好坏他都得一一受着。我想我日后是有个去处的，他知道我不属于这儿，你可以把这叫体验生活——可我不能带他一起飞走，这他也清楚。他经常猜我是谁，来干什么。那时我也不知道我的使命是记录他，要是知道，我不会那么任性，会多留一些时间在他身边。"

这两段话莫名地让人感动。

小说发生在20世纪70年代前后的中国，从方枪枪在军属大院的保育院开始，到他上小学。其间他一点点努力融入大家，又试图保存另类，他装过女生，骂过老师，抓过鬼，欺负过同伴，逃过家和保育院……最后他哭着说："我觉得我们都活不长了。"

就像是一个很普通的小孩子，可是却让人感动。

小说延续了王朔独创的痞子文学风格，有北京味儿，贫又幽默，不时还夹杂几近分裂的双重人格。

其实真正发生的事情并没有多特别，倒是主角方枪枪一直在自己与自己头脑里的"我"纠结。他是一个真正的孩子，敢于表达自己，干净利落，随心所欲，可是周围的人却像阴影一样一点点向他移来，将他掩盖。事实就是这样，现实也是这样。方枪枪不停地睁开眼闭上眼，不停地找事招事，不停地跑不停地思考，挣扎在沉默和怒吼的边缘。

再仔细想想里面的人物，不由得觉得我就是方枪枪，那个不招人待见的孩子。李老师、唐老师、园长、陈南燕、陈北燕……像是我成长路上经过的人们，或眼尖嘴利或温柔恬静或简单粗暴。

我就像谁都参悟不透的方枪枪，不知道什么时候会猝不及防地跑掉，试图离开现实。虽然那是不可能的，可我和他都怀着这样的希望，"我们"有一天是会离开的，会到别人都去不了的美好的地方，而我们的躯壳，那个笨拙的不惹人喜爱的躯壳，我们无法把他带走，即使我们多么同情他。

我们还相信，自己像有特异功能一样，能从某个时空中脱离而去避免尴尬。就是这样，试图融入现实生活，同时又渴望童话降临。

方枪枪最后上了小学，坐得笔直，还当了官，最终他还从这书里脱离了出去。

我觉得像受了背叛，他背着我去了那美好的地方。

我就像是被抛下的躯壳，度过这漫长到一眼望不到头又不可省略的一生。

这时我忽然想起最近把我感动坏了的电影《老男孩儿》，我说不出来哪里相似，或许是等我四十多岁了，还能看《老男孩儿》看哭，还能被《看上去很美》感动的时候，我能真正了解生活。

当时只道是年少

——读曹文轩《根鸟》

程书娟

这是一个美丽的故事，我深信。

现实生活中会有像根鸟一样的少年吗？他一旦飞翔，便一飞冲天，在浩瀚的蓝天里寻找着属于自己的梦。荒漠、草原、大山、村落、峡谷、小镇……梦幻与现实之间，他以梦为马，度过了自己玄妙的青春岁月。这个过程，他痛并快乐着。

一切的源起不过是那个若隐若现的梦，那个长满了百合花的大峡谷仿若海市蜃楼，那个羞涩而清纯的小女孩儿仿若仙女一般，吸引着根鸟。"紫烟，我一定来救你……"这是根鸟心里坚定的信念。他走了，义无反顾，甚至忘记了父亲，忘记了他的家乡——菊坡。

是的，对于在一个闭塞的小山村成长了十四年的根鸟，外面的世界无疑是新奇而美妙的。行走在沙漠，挣扎在鬼谷，徜徉于米溪，流连于莺店，这所有西行所经过的地方都成了根鸟在今后的日子里不可磨灭的记忆。所有发生在他身上的事情都教会了他如何面对复杂的尘世，包括放下尊严去行乞，瞄准时机逃离苦海，甚至如成人一般学会喝酒、赌博。梦里的紫烟，亦真亦幻，总是不能看得真切。她怎么比得上现实中的桃蔓和金枝来得真实呢？正值青春期的根鸟，面对可爱的桃蔓，难免有少男情怀；而莺店可怜的戏子金枝更是让根鸟心生怜悯，故而在莺店流连多日。在那里，他堕落了，惰性如海潮一般在他身体里潜滋暗长。

所幸，西行途中有指路人。在沙漠中相识的板金先生亦是一位寻梦人，五十岁的年纪却因长途跋涉而显得苍老。就在根鸟要忘记最初的梦想时，阔别多日的板金先生一语惊醒了他，"你不该这样的，不该……你长途跋涉，你死里逃生，你一把火将自己的家烧成灰烬，难道就是为了到莺店这个地方结束你自己吗？你真傻呀！"根鸟如梦方醒，这才继续踏上西行的路。

故事还没结束。读到这里，我突然陷入沉思。其实，我们的人生何尝不是如此，每个人在年少时都曾有美丽的梦，有理想在前方熠熠闪光。有的人有梦但摆脱不掉身边的羁绊，只得平庸地生活，任梦想被无情的沙漠掩埋；有的人也曾"三天打鱼"，但缺少继续劈风斩浪的勇气，他怕前行的风暴，怕旅途的孤寂，所以只能在原地打转，一无所获；有的人却勇往直前，如朝圣者一般虔诚地追寻梦想，终有一天，到达了理想的天堂。

这样一段寻梦的征程，单凭个人之力是不可能的。正如根鸟的旅程，板金先生、老婆婆、神秘僧人、独眼老人以及带他行走天涯的白马无一不是根鸟的支持者，因为根鸟出行的理由太过荒诞，大多数人都嘲笑他，而上述人物正是支持根鸟走下去的理由之一。我们在寻梦的途中，或许也会遭到哂笑，但只要有一个人支持着我们，那么这就是一种力量，一份信任，这样自己的征程才不会太孤单。

我不知道根鸟在他垂垂老矣时回忆年少这段路会哭还是笑，他仅为了一个梦而跋山涉水、历尽险阻地出行，毕竟有点儿不可思议。最后的结局是根鸟的确到达了一个大峡谷，和他梦里的情景一模一样，有白色的鹰，有美丽的百合花，还有深不见底的悬崖。当然，他看不见下面是否有一个叫紫烟的女孩儿。"当山风将根鸟吹醒时，他看到那些白色的鹰仍在空中飞翔着，他让整个身体伏在地上，将脸埋在百花丛中，号啕大哭……"这个情节让我久久不能释怀，根鸟不是已经到达大峡谷了吗？他为什么要号啕大哭呢？难道他后悔了吗？

魏尔伦有一句诗："当钟声鸣响，一切窒息，回忆悠远的岁月我哭泣。"我相信根鸟是喜极而泣的，他不会后悔，正是因为年少，他才有勇气到达大峡谷。如果是十年、二十年之后，他还不一定有勇气踏上征程呢！

看完整本书，我庆幸自己正值年少时光，以后的日子，我会如根鸟一样执着地追求未来。因为年少，所以血气方刚，因为年少，所以勇敢无惧。

初读《围城》有感

张 越

　　人生是座被围困的城堡，许多人想要超脱其外，获得真正的自由，不过这很难。理想、事业、婚姻，在一定程度上都被许多无形的力量围困起来，让你无法从中脱身。我觉得这便是小说想要传达给我们的意图。

　　小说的主人公方鸿渐是一个海归，一个单纯的年轻人，他起初在那名义上的岳父的银行里任职，因为想要摆脱丧妻的痛苦和来自岳父的压力，他从上海辗转来到三闾大学任教。不过大学教授与校长之间潜在的利益关系，又迫使他离开了三闾大学，心甘情愿地走进了与孙柔嘉的婚姻围城之中，最后只落了个不欢而散。他不断地从一个"围城"进入另一个"围城"，或者说他从未走出过围城，最终也在围城中迷失了自己，陷入了难醒的梦。

　　究其原因，我觉得与主人公的性格密切相关。方鸿渐善良却迂腐，正直却软弱，渴望得到浪漫的爱情，遇事被动，不愿表达出自己内心的感受。

　　故事的结局是个悲剧，方鸿渐陷入了婚姻的痛苦中无法自拔，苏文纨从一个优雅秀气的女子变成了庸脂俗粉，孙柔嘉也悲伤离去。他们所追求的理想、事业、爱情都在这围城中慢慢沉沦，沉沦成最现实的、无法反抗的、无意识的流俗。这也是最令读者感到绝望的。

正如小说中的一个比喻，快乐犹如哄骗小孩子吃药的方糖，骗你喝下人生之苦水。作者认同的似乎是人生本来就是座"围城"，快乐也只是在这绝望之都里唯一能抚慰心灵的一剂麻醉药而已。

诚然，人生匆匆几十载，我们被限制在这有限的生命和空间之中，那些世上纷繁复杂的关系也如负在我们背上的蜗牛壳，我们极力摆脱却又不得不依赖它，任它使你的脚步变得沉重，最后心甘情愿地将自己的软弱藏于其中，受它的保护。这也就是庄子所说的"犹有所待"吧。

剑客手中的剑限制了他的招式，心中的剑限制了他的境界。我们用以满足自己的手段也把自己困在人生的围城之中。随着年岁的增长，外界的物质也逐渐侵蚀着人们内心的灵魂，人们已经很难相信人类与生俱来的精神力量，也就失去了走出围城的指引。

霍金曾说，他虽居于果壳之中，却自以为是无限宇宙之王。电影《肖申克的救赎》中的主人公安迪在逃出监狱后说，希望是世界上最美好的东西。作为空间中的物质的我们虽然被更多的物质所制约着，但我们的思想却是无法被禁锢的，哪怕是一副皮囊或是一座监狱。

我无法准确定义钱老所说的"围城"到底是什么，不过我并不想知道。我只想在剩余的人生中，心中少些困扰，自在逍遥最好。

人 在 高 处

程梦可

前几天，在网上看到一首诗《相遇》，诗文不长，全诗如下：

在楼梯 / 我低你一级 / 你高我一级 / 瞬间 / 有多少话语 / 都未说出 / 我仰头看你 / 在沉默中 / 擦身而过 / 听得见对方的呼吸 / 突然 / 有一句话要告诉你 / 回头一看 / 我高你一级 / 你低我一级

这是一首哲理诗，让我心动的是诗中描述的两个瞬间的感觉，一是抬头时"我低你一级/你高我一级"，二是回头时"我高你一级/你低我一级"。这样瞬间的感觉，在任何人的心里都能造成强烈的反差。同一个人，因为地位的不同，立足点不同，对人对己都有了不同的看法，也就产生了不同的感觉。是的，梯子本是双向的，但在许多人的眼里，它只是单向的，它给出的启示，仅限于高处，这对梯子来说有失偏颇。梯子，是可上可下的，对人的生命历程来说，它只是一种"通过"的过程。而且，把人送到低处的意义一点儿不比把人送往高处轻。因此，才会有像"人生的价值在于不断攀登""梯子的横档从来不是用来休息的，只是为了一只脚迈向更高的一格，另一只脚可以落一下脚"等格言。这样的格言也曾激励过多少像我们这样血气方刚的年轻人，让我们去奋斗，力争上游，朝着更高的目标不顾一切地前进。

可当你真正处于高处，却又不知下一步该怎么走。是继续攀登吗？那如果你一失足就有可能跌落谷底；是享受现状吗？那可能下一秒就有人捷足先登。还是像比尔·盖茨一样吧，用物质充实自己，成功之后，也继续保持良好的心态，捧着谦虚的品格、低调的态度去享受生活所带给他的一切，或许你也不会有"高处不胜寒"的无奈了。

曾经有一位参加高考的学生写道："人类需要仰望星空，因为没有星空的照耀，我们的路不会有前方，但是在仰望星空的同时，也不能忘了脚踏实地，才可以用自己的每一个脚印折射出星空的绚丽。"

人在高处，毕竟只是一种短暂的停留，比这更重要的是人的心态，是保持好"不以物喜，不以己悲"的心态，才是一种人生的自信。在高处，我们可以看到纷纷的背影，无数的脸谱，生出万千感慨，但最终我们要回到平地，平视我们所面对的一切！

夜凉长作远滩声

马雨晴

如果你是一个喜欢停留在深夜里的人，那么你一定会记得那些声音，悠远的汽笛声，轰隆隆碾过的大卡车声，呼啸而过的小汽车声，摩托车发动时的嗒嗒声，或轻或重的脚步声，细不可闻的吱吱虫声，翻动书页时脆脆的哗啦声，笔尖与纸摩擦时带着韵律与节奏的沙沙声，茶杯与木质的桌子相碰时带有钝钝的触感的一声闷响，还有风声，甚至最后关上台灯时那轻微的咔嗒声，钟表指针一秒秒踩过……然后，走进绵长的呼吸，世界一片静谧。

冬天如果有大风，在呼啸着挤进窗缝时会发出刺耳的尖叫，而我在室内的热气中，仿佛听到热气渐渐漫过的声音，汩汩而流的温暖，将人包裹得分外舒适。

夜晚是与书和文字相连的，可当墨香中的字体融化在橙黄而温暖的柔和里，当手中沉甸甸的记忆不再，当整页的文字幻化出虚无的梦境，我只记住了那些初时轻飘飘闪过的声响，它们短暂而悠长，常存于我深夜的梦中。

"夜凉长作远滩声"，起始我更愿意理解为"夜凉化作远滩声"，这样虚无又切实的声响，如同在梦境中清晰地上演过，而夜里的那份凉意，也会渐渐浸染到梦里，化作一汪寒泉，任指尖浸染一浣诗情，流水迢迢，落花春去，梦里别有天地。

　　夜凉长作远滩声，是只适合在梦里出现，但我又从未做过任何诗意的梦，所以只能想象，当种种真实的声响消退，当梦境一一浮现，氤氲而来的湿意弥漫在呼吸之间，而远滩潮声长作，月光如水，滟滟随波，此刻莫问碣石潇湘何处寻，只愿此夜月常驻我心。

　　日与夜互消长，光与影因缘生，而梦与现实也只能在咫尺之间。咫尺之间，一夜的声响倏地消散，没有远滩，没有夜，没有月，没有时间流淌的质感，尘埃落定的一刻，从梦中走来，只余钟磬敲定后的嗡嗡作响，睁眼，又是新的一天。

　　豆浆油条的叫卖声，犬吠鸡鸣，太阳缓慢移动后轻身一跃，用热烈刺破残存的闪着虹彩的泡泡——它们无处遁形，而我无从告别。

　　夜凉长作远滩声，让留存于记忆中的声响，在梦境中浮现，然后将萤火虫的点点荧光掩盖，握一只在手心，等下一个黑天。

当时只道是寻常

——读纳兰性德词有感

伍　晗

　　坐在后山的石凳上，看日出阳光慢慢复活。跃过远方的楼群，瞬间占据了一切，老树上残存的枯叶也欢欣地跳动起来。飞鸟划破的天际，只留下一声喑哑的哀鸣。

　　"昏鸦尽，小立恨因谁。"一句词突然从心底泛出。大约也是在这个时节，等了三年的沈宛终于赴京，眉眼中的笑意还未散尽，随驾南巡的旨意已传到耳边。如果有谁说错过是一种美丽，那只是因为他知道无法继续。迎风而立北固亭上，再也没有稼轩的豪情。燕子矶头，乌衣巷口，昔日指点江山，权倾一时，如今也只剩下故宅还能重塑些辉煌。烟雨中，撑伞踏过厚重的青石板，忽然听到梦中的吴侬软语，回头望去，才想起自己是身处吴地。曾经想要逃离的地方，现在却开始盼望。回京之后，幸福也依旧没那么简单。痛苦而幸福地在一起，结局一定无奈。沈宛回到江南，"只有旧罗裳，偷沾泪两行"。

　　有些事总是失去以后，才懂得珍惜。落叶纷飞，秋风乍起，镇纸定住了那纷乱的诗文，却定不下纷扰的思绪。有人说，人离世时如秋叶落入尘土般不留痕迹。可这话却又刺痛了谁的心。匆忙紧闭起疏窗。曾经度过的日子在脑海里回放，风儿不时地敲打着窗，像是向遗忘的时光发出的邀请。慵懒的春意总是惹人贪睡，阳光和着脂粉的腻香一齐拥来，睁开眼，静静地看着她对镜贴花黄。"爱他明月好，憔悴也相关。"也曾有过赌书泼茶的闲情雅致，昔日的笑声在只有一个人的房间里激荡得愈发空洞和不真实。可是一切都已过去。上苍给了你一个喜爱的事物，为了显示他的力量，他不会把任何东西夺去，他只会让你看着它消逝，却又无能为力。想去推开窗子的手又停下，只是长叹一声："当时只道是寻常。"

世界上的一切都会变化，纳兰性德会变，他的朋友也会变。原本熟悉的事物突然变得陌生，这难道不是一种悲哀吗？曾经志在四方的少年，都变得浮夸，这难道不是一种无奈吗？每一次的悲哀和无奈，都是对新事物的不适应，刚刚褪下稚气，虚伪的面具就已贴上了脸颊，一切都是为了追逐。人总是为了安全感和幸福感活着，需要理解，需要尊重，需要关心。

人如何改变更是取决于自己所追逐的东西。一旦选定了追逐的东西，似蚂蚁般迷茫，却又只能像落入罗网的昆虫般无法自拔。选择了追逐权力和利益，真实的感情就只好装作视而不见，这是生命不可承受之重。放逐山水，归隐田园，刑部的天牢或是华贵的病榻，放弃之后，不知又是不是生命不可承受之轻。面对不同的前进方向，回首一起走过的旅途，可也只能说一句："人生若只如初见。"

"风一更，雪一更，聒碎乡心梦不成，故园无此声。"每到冬季时，总会想起这首词，没有《渔家傲》的征人之劳、思乡之苦，没有"不破楼兰终不还"的壮志凌云，更没有"黑云压城城欲摧"的悲壮，它是边塞诗中的异类，它或许就是三个字——想家了。

纳兰善于用直白的语言去表达真实的自己。北风呼啸，军旗猎猎，纷飞的大雪早已给山海关披上了一袭银灰，清军驻地，"朔气传金柝，寒光照铁衣"。帐内灯光摇曳，不知有多少人正在挑灯看剑，而山海关下，又不知是谁叹着"瘦尽灯花又一宵"的闲愁。就这样，山海关的雪永远定格在了纳兰心中。

纳兰性德的词多抒发个人感伤情调，显出几分哀愁，但我说不哀怨。他的词像是中秋的风，不彻骨，但与外界的温差却能让你感到清冷。爱情的失意、友情的无奈、亲情背面的权势与自己性格格格不入。他不似张岱可以用退隐来逃避，他更不会像文天祥一样不顾现实，为了理想拼得头破血流。他只能在梦想与现实间寻找一个可以接受的平衡点，聊以自慰，或是自欺，命运没有给他大彻大悟的机会。

友人相聚，抱病前往，"拟把疏狂图一醉，对酒当歌，强乐还无味"。生命的最后一出戏，他选择了用放逐自己来落幕，病榻之上，梦想与现实都成了无关紧要的事，暮春的风不知吹不吹得散眉弯的愁绪，慵懒的阳光早已射入疏窗之内，没有脂粉的香味，这一次，他睡不醒了。

独忆沧浪水

——浅谈《渔父》中的对话艺术

王立平

沧浪，沧浪，清而濯缨，浊而濯足。世浊吾清，众醉吾醒，欲与世推移，难矣。

屈原内心的复杂矛盾，为屈原对话的感情基调埋下伏笔。但屈原对叙述则是浅尝辄止即好，全词则是以对话为卖点，从对话中看对比，从对比中悟处世之道。

既然全文大篇幅为对话，那"屈原既放，游于江潭"不是与后文"是以见放"矛盾了吗？"游于江潭"也可由后文渔父的出场可知。屈原在此应该不是反复，对话中反复地提到"浊"与"清"，屈原如此强调他"既放""行吟""枯槁"只为突显他的君子为人处世之道罢了。因此开头的描写性语句不是重复累赘，删去则把对话显得过于突兀。

渔父的"何故至于斯？"是对屈原在江潭边出现的疑惑，屈原先回答原因，再回答"是以见放"这个结果，不禁有些让人觉得屈原自谓清高，说得庸俗点儿就是自恋，这在《离骚》中也有体现。

屈原在词中夸大自身的优点，但不断提放逐，难道他就不会反省是过于清高才使自己沦落的吗？渔父的智慧则在对比中让人佩服。渔父的处世态度用孔子的"既来之，则安之"来表现再恰当不过，他随遇而安，一切只希明哲保身，和屈原形成反差。"圣人不凝滞于物，而能与世推移"，渔父认为君子应当适应生存的环境，见机行事，达人知命。行为高出于世俗只是相对圣洁的唯心主义罢了。渔父的唯物主义在唯心主义面前站不住脚也是必然，屈原则用比喻来表明人生态度，即"宁为玉碎，不为瓦全，洁身自好，不与世俗同流合污"。对话艺术的效果是文章折射出来的光芒，透过对话看人物的心情，也是体会文章主旨的意图所在。

《渔父》对于屈原用"新沐者"和"新浴者"来比喻屈原自身的回答可谓极妙，渔父如此平凡，但却让人认为他的豁达潇洒、超然物外的心境和陶渊明殊途同归，莫非陶渊明是他的转世？屈原放逐事实为真，但渔父和对答是否真实存在，世人都无以考证，也许渔父这个形象是屈原虚构出来的，只为表现复杂矛盾的心情而已。渔父在最后走时用"水清"比喻世道清明，用"水浊"比喻世道黑暗，以比喻巧对比喻，对话的精髓由此显露。

对话使全词的故事性色彩浓厚了几分，故事的出现带动哲理性的突显。从对话中看哲理、情感，作者写词所要表达的思想，和全文为叙述性的相比，更具感染力。

107

沧浪之水，难以蒙世俗之尘埃；湘流之水，难以濯渔父之双足。沧浪，沧浪，独忆足矣。

读筱敏的《捕蝶者》

王 博

筱敏的《捕蝶者》细致地描写了一个专业捕蝶者的工作。他对蝴蝶是那样热爱，不惜跋涉山水，去那幽寂之处；他是那样富有理想，"那些庸常的菜粉蝶不会惊动你的捕蝶网，它们因庸常而幸福着，安适着，你的志向，绝不在篱笆菜畦之间，你要的是蝶中珍奇"；他对专业知识是那样熟谙，蝶的习性，蝶的种类，都一清二楚；他的专业技能是那样熟练，"你不必看，便知道猎物在网内了"。

然而，他的工作越是细致，技巧越是熟练，美的精灵就越难以逃脱，"手腕轻抖扭转纱网，封死网口，网中的精灵徒然挣扎，在你手中逃脱的可能已经是零"……

捕蝶者自信是蝴蝶的知己，是古典主义者或自然主义者，从自己的宗教出发，虔诚地捕蝶。在他看来，"什么是生命的意义？成为一个珍稀标本扬名世界，还是默默耗掉美丽终老山林？"这个问题的答案是明显的。

一切看起来都是那么顺理成章，那么高尚。然而，这只是从人的角度，只是从人需要的角度。人问过蝶吗，它们可曾愿意在你精致的展翅板上成为一具永恒美丽的尸体？如果你是一只蝶，你是否愿意，你是否愿意他人将你那临死前的战栗感受为愉悦？你也悲伤，当蝴蝶"娇艳的色泽之上，覆过一层银质的灰色，像是由外而内镀着溪涧的月光，也像是由内而外渗着绝世的悲伤"时，你感到"悲伤是美丽的"，没有谁比你更懂得悲伤之美，更何况是绝世的悲伤？"这山林里寂静的时刻，那孑然的悲伤，有谁与你分享？"

难道这是宿命？刚羽化成蝶，"双翅还是湿润的，鳞片鲜丽，纤尘未染"，就成为你的网中之物，生平的第一次展翅就成为最后一次。如果是篱间菜畦的菜粉蝶就不会有这样的命运了。难道这是成为永恒的代价？

然而，当你将那展翅板上蝴蝶名称的一栏空着，等着用你的名字来命名这绝世精灵的时候，我们明白了你的悲伤是多么的矫情，你需要用他者的生命换取自己的不朽！

全篇文章以第二人称来写，没有一处直接批评。筱敏只是多次描写蝴蝶在捕蝶者手指下胸腔破裂的声音，设置了一个瘦长诗人要谈生与死的问题，而不是美、价值、声誉，来暗示主题。为什么只谈生与死，而不谈美、价值、声誉？因为在生命面前，这些东西都显得轻微，这些东西往往成为他人摧残别人生命的借口。正是这些东西，使人失去了对生命的感受，成为一名不动声色的刽子手。

生命中有太多东西需要我们去追求，然而，这一切都没有生命重要。更不能以牺牲他者来成就自己的伟业。知识并不带来对生命的尊重，有时反而成为摧残生命的工具。有人说爱是一种伤害，然而我认为凡造成伤害的，只是挟持了爱，而非真爱。

或许，我们就是那一只蝶；或许，我们就是那个捕蝶者。

遗失的童年

——读《五岁时，我杀了我自己》有感

邵佳惠

"他想看到时间飞逝。"

五岁的小波伸出食指，指着自己的头，按下拇指，就这样，杀了他自己。小波被关在儿童托管中心，只因为他对杰西卡做了那件"可耻"的事，起码在那些大人眼中是这样。儿童托管中心的窗户上装着栅栏，监狱一般令人窒息。所谓的心理辅导医生纳威尔，没有主意，没有沟通技巧，却为小波下了一张"精神失常"的诊断书，阻截了小波与外界一切的联系；看护小波的寇葵恩太太不苟言笑，无理可讲。禁闭室，因此寄托了小波的思想，他在墙上写字，用这种独特的方式与杰西卡对话，请求宽恕。在这里，小波认识了与杰西卡一样拥有棕色眼睛的鲁狄亚——这个唯一理解、呵护他的心理医生。而命运却再次残酷地剥夺了小波欢乐的权利，鲁狄亚最终因违背了纳威尔的治疗原则而遭到开除。临走时，鲁狄亚交给小波一封被纳威尔拦截的信件——一封杰西卡留给小波的信。

"他想看到时间飞逝。"小波和杰西卡都不愿再做小孩儿，不愿再承受因为是孩童而要遭受到的不公，而那件所谓可耻的事，不过是一个象征成年的标志。只是大人们误解了，丑化了……

《五岁时，我杀了我自己》，霍华德·布登模拟孩童的口吻，充分展现了一个内心饱受困顿的孩子。他与这个世界格格不入，却又不得不对这个世界进行抵抗与沟通；他被人误解，遭到批评与嘲讽，没有自由，最后在寂寥中沦为一个有着自闭倾向的孩子。小波何尝没有过无虑的童年？他有着天才的语言感觉，获得校际拼字比赛冠军；他有着超凡的想象才能，是一个会做英雄梦，爱佐罗、喜欢罗宾汉的五岁男孩儿……自他进入托管中心，这一切一切，在那些宣称关心他的大人们的怒视下消失殆尽，在他们严苛的斥责中被磨灭得不留痕迹。

禁闭室的弱光只能勾勒出他那个落寞的阴影，墙上冰冷的字母不会言语，却能默默倾听小波心灵的自述——他的不解、他的歉疚、他的不满、他的反抗，沉默至极，悲凉至极……

我们不免泪垂，为小波，也为我们自己。我们难道没有经历这样的童年——被老师、被父母训斥不可以自言自语，不可以问一些奇怪的问题，不可以有胡思乱想的机会，不可以有违反常规的举动。或许其实当时也不是胡说八道、胡作非为，只是孩子的想象空间与眼中的世界真的与大人不太一样而已。我们因为如此，过早失去本该拥有的童年、充满想象与创造的伊甸园。也许有时辩驳，却常常是话未出口，就被大人们不成理由的理由抨击得粉碎，最后往往是乖乖妥协。有时埋怨，责怪他们从没认真听过我们的内心想法，抱怨他们的不理解，却被大人们"爱"的语言回击得无言以对。可是没有倾听，何来的理解？没有理解，又何来的爱？于是被曲解的孩子们只有哽咽，只有把所有委屈藏在心底尘封。

还记得《皇帝的新装》中那个揭示事实的孩子被周遭大人轻声制止，还记得《我的叔叔于勒》中那个给叔叔十个铜子小费，却被母亲大骂"真是疯了"的若瑟夫……我们在徒留一声叹息的同时，开始越发珍惜那些纯洁的眼神，尽管有时无理，有时不成规矩，有时出言冒犯……难道稚童不该拥有直言不讳的率真？不该拥有与成人一样平等的地位？

《五岁时，我杀了我自己》就如同一把掸子，在你的眼前日益蒙上尘埃时，替你拂去了黯淡；如同一盏灯火，在你的心日渐蒙上迷雾时，为它驱散了阴霾。它时刻提醒着你：千万别失去那最初、最无瑕的心灵。你真该读读它，读读小波，读读杰西卡，读读鲁狄亚，在他们身上，兴许会找到曾经遗失的自己！

幸福拾荒者

——浅读蒋廷黻《中国近代史》

张　晗

每次翻开历史书籍的时候，都会有两种奇异的感觉。

一种是说不上的沉重，另一种是莫名其妙的幸福。就好像自己是一个拾荒者，跟在历史的后头拾荒。即使偶尔会被厚重的历史压抑到喘不过气来，但仍会觉得幸福。因为参与其中，像是被写在那样动荡时代的故事中。

在看蒋廷黻的《中国近代史》时，发现原来那一百零九年的积累，不过是一场自我淘汰和自我救赎。

每每提及"中国近代史"，教科书都会呐喊出一致的口号：这是一部中国的屈辱史。但在我看来，这是一场自我竞争的比赛，在这场比赛中，我们不过是自我淘汰而已。我们淘汰了开明的政策，闭关锁国；我们淘汰先进的思想，依旧狂妄。

英国正热血沸腾地开始自我完善与发展的时候，我们还枕在夜郎自大的枕头上，过着自娱自乐、自给自足的生活。

当法国开始大革命推翻封建专制制度的时候，我们依旧自我淘汰着，淘汰着资本主义，仍然高呼着"万岁"。

这样的比赛太过漫长，以至于在那样的悠悠时光中，我们缺失了太多的机会去发展自我。蒋廷黻先生在书中说，他不可能找出为何如此缓慢和曲折的社会根源，但他却看到了我们民族的惰性。我仍牢牢记住这么一句话："鸦片战争的军事失败还不是民族致命伤，失败以后还不明了失败的缘由，那才是民族的致命伤……为什么道光年间的中国人不在鸦片战争以后就起始维新呢？如果那样的话中国的近代化就要比日本早二十年。"

其实很简单——是因为，我们在这场最初的良性自我竞赛中淘汰了自我。因为闭塞、目光短浅，所以淘汰那些看似笨拙、实际有益的工具；因为怕引火上身，所以淘汰了那些看上去颇为大胆的政策。

记得上历史课时，老师说"鸦片战争是近代中国历史的开端"。而我以为，不能把每一件历史归咎于一个既定的事物身上，这样的判断，未免失了公正。我倒是认为，近代中国历史的开端，在清政府狂妄自大和国人慵懒无知便开始。

如盲了双眼般一次次无视迫在眉睫的危机威胁，一次又一次地忽视那些最好的自我保护方式，我们输了，输在自我遗弃和自我放弃。

这段历史，因为自我淘汰的比赛而缓缓归矣。

从辛亥革命开始，近代中国发生了惊天动地的变化——共和革命与清朝灭亡，军阀动荡，新文化的浪潮带动国民的崛起。多数人都说这是一场声势浩大的改革斗争，是一部相对于屈辱史的光荣史。

我亦反对。若屈辱史是自我淘汰比赛中的产物，那么光荣史，则是自我救赎的开始。因为这一切皆由前头的自我淘汰开始。也许你们可能会觉得我这样的观点轻视了这场斗争的力量，但是我们却不得不承认，如果没有当初的自我淘汰，又何来这场浩浩荡荡的自我救赎呢？

就像蒋廷黻先生自己也认为，历史不是材料的堆砌和史实的客观描述，而是要努力探求历史变迁的内在联系。

这本书写得颇为大胆创新，对近代历史上"粉墨登场"的人物进行了评价，震撼又新奇。原来，历史没想象中那般简单。

对林则徐的颠覆性评论——"让国家日趋衰弱，而不肯牺牲自己的名誉去与时人奋斗。……以为自己的名誉比国事重要，因为他当时觉悟到中国较之与西洋的落后而不敢公开提倡。"

看着看着，也为他身上隐隐透露的狂劲而发自内心地嘴角浅莞。

历史，从来都是这样的不可思议。

我乐于做一个不忘记历史的人，不忘记、不抛弃、不自大、不淘汰，不去背叛自己的本性。返璞归真固然重要，但如果内心依旧纯真如昨，我又何必去浪费那样美好的时光？

甘于做一个幸福的拾荒者，一路追逐，一路弯腰，愿自己被书写在历史的长河中，永生永世，不老不死。

蓝，另一种蓝

李晨晨

> 这个世界上肯定有另一个我，做着我不敢做的事，过着我想过的生活。
>
> ——《蓝，另一种蓝》

经过川流不息的街头，随着摩肩接踵的人群，我不禁想，这世界上是否有着另外一个我。在山本文绪的小说中，佐佐木苍子与河见苍子之间离奇的故事令人咋舌。那种诡谲而又跌破禁忌的生活像是神秘国度中朦胧的彼岸花，一边有着不可亵玩的贞素，一边又有着千娇百媚的致命诱惑。

生活富足而空虚的佐佐木苍子在偶然之中邂逅了有着与她惊人相似的身体的河见苍子，从而拉开了交换生活的帷幕。爱情与物欲的沉浮之中，两人都陷入了沉醉。与原先的轨迹截然不同的细枝末节在一天一天中逐渐茁壮成内心的狰狞私欲，于是便有了之后两人的纷争与破裂。

仓央嘉措说，人生最宝贵的东西莫过于得不到和已失去。我们在墨守成规、波澜不惊的度日之中渐渐心生厌倦，渴望着离经叛道，向往着那片从未涉足的幽深的沼泽禁地。如果给你一个机会成为另一个模样的自己，想必没有人能够无动于衷吧。或许我们可以不用在枯燥的公式中惶惶不安，可以不用在繁芜琐杂的小事中忙得天昏地暗，可以不用在夜晚辗转反侧于未来的漂泊不定。也许我们可以在普罗旺斯的小镇上花容绽放，可以在镁光灯之下闪亮登场，可以在韶华流光中特立独行。

得不到的永远在骚动，被偏爱的都有恃无恐。贯穿身体脉络的束缚绑架了我们的思想，隔岸是我们终生也攀附不入的世界，那里繁花似锦，那里姹紫嫣红。因此开始在主观臆造中幻想着隔岸的那个自己是在用怎样的姿态挥袖奏弦。另一个自己，光是凭借想象就能心潮澎湃。

没有经历过的让人跃跃欲试，就像菡萏欣羡芍药的大红大紫，青瓷追求琉璃的艳丽华光。十六年循规蹈矩的生活在我的五脏六腑之中长成了一棵会开花的树，支撑着灼热的心跳身姿摇曳。灵魂在每日每夜逃避着栉风沐雨的未来，蜷缩在凄迷的灯光下神色迷惘。然而，细碎的年月却在我的脉搏之中栽种着翠嫩的萌芽，让我能心无旁骛地在荆棘中拔节馥郁。

故事的结尾，佐佐木苍子与河见苍子都回到了她们各自正常的生活之中。佐佐木苍子携着全身凄惨的失败感悲伤地说着："我完全输给了我自己。"为什么会输呢？原来脱离自身的越轨会把人送往的是深不可测的深渊。一切仿似与从前别无二致，但有些扎根在头脑里的东西始终是腐烂掉了，譬如那颗蠢蠢欲动的心。

117

活在当下，把握当下。所有的光怪陆离都是当初自己的慎重抉择，另一个自己、另一种生活也许是金玉其外，败絮其中，何不在现实里对于当下的彷徨当机立断，绝不给寂寞滋生繁衍的机会。平行世界里，或许真的有那样一个我，或许她也在梦想我而今的人生。我可以看见柳暗花明，我可以听见人间天籁，我可以徜徉春暖花开。多么美妙，多么让人欢喜。

所以，松开蹙起的眉头，去蓝，另一种蓝。

瞬间的感悟

——读余秋雨《流放者的土地》

谢精忠

我是个江南人，从小就生活在到处是细雨杏花、杨柳雨巷、青石小路的依山傍水的江南水乡。在我的家乡有草色新绿，翠柳萦绕。那里听不到冰化时的声声裂响，清晰的只是门前小舟激荡起水花时无拘的欢笑，如连绵的小山向远方延伸，荷叶细腻得遮掩了游鱼……我喜欢那里的山，那里的水，那里的一切！

直到我读到余秋雨《山居笔记》中的《流放者的土地》，才使我这个柔情似水的江南人开始对北方那片广阔的土地有所向往和渴望，在我的心里，那里的空气不再干燥，水不再枯竭，那片土地蕴藏着无尽的甘甜！

北方的天蓝得特别，把白云衬托得明亮而富有立体感。那里有甘洌的泉水、粗犷豪迈的高山、浓郁的森林。蓝天下的植物，有庄稼，也有自生自灭的花草，那里也长着西瓜，尝起来却比江南生长的清爽甘甜了许多……

甘甜。甘甜意味着什么？哪里孕育着如此多的甘甜？

哦，明白了。甘甜是那些流放者留下来的千古名篇，是那些流放者留下来的鲜血和泪水，是那些流放者给予北方独有的豪爽与义气，是那些流放者创造出的文明精髓……

那些文人志士年轻的时候，他们心路的阴影来自对前路的茫然无知。我会遇见什么？一切都没有启示与征兆。而到那里的一刹那，那逃避不了的却来自对前路的已知，他们将面对的是一座永远的"宁古塔"。据文章中叙述，其实宁古塔并不是一座塔，而是清朝时犯人流放的地方，所以"宁古塔"三个再寻常不过的字成了当时全国官员和文士心底最不吉利的符咒。

北方原本是一片荒漠，那里没有繁华的都城，大多是大漠飞扬尘土飘飘。然而他们却在艰难困苦中克服了对文人来说致命的困扰——被流放，写下了中国文化史上让人惊喜的一页。他们脚下的这块土地给了他们那么多的陌生，那么多绝望的辛酸，但他们却无意怨恨它，反而用温热的手掌抚摸着它，让它感受文明的热量，使它永载文化的史册。

"东北这块土地，为什么总是显得坦坦荡荡而不遮遮盖盖？为什么没有什么厚重的历史却快速进入到一个开放的状态？"然而很快，这些谜团都迎刃而解了，至少有一部分是来自那些流放者心底的一方高贵。

磨难是美丽的前奏，是衬托辉煌的底色。也许流放，创造了一个浓郁的精神世界，竟使我们得惠至今。

我很欣喜，因为在我遐想的刹那，我既拥有江南人特有的细腻，又被那些流放者的土地上的那片豪爽与底蕴所触摸，使我眼前不再有一层透明的哀伤。

你问过你的人生路吗

——读《鼻子底下就是路》有感

陈 路

也许这个世界因为有了科学家，GPS的出现就不是难题；也许这个世界有GPS，前方道路的去向就不是问题。世界每一天都有精彩发生，每一刻都在不停地发生变化。如果时间能停止，能倒流，我愿意留在那个以马代步、以问明路的世界。

"老伯，此去柳家悦来客栈打哪里走，约莫还有多少脚程？"老者一抬头，骑者一脸英气逼人，老者为他指了路。不知有多少次，这梦想的一幕使我无限留恋地回味那个时代的气息。

没有顾忌，没有猜疑，没有警惕，也没有心计，只有那一颗温热的心跳动着，只有那一股暖流涌动着，只有恩泽，只有善心。高楼林立、车水马龙的现代，城市只是机械地呼吸着凉凉的空气。人类的温暖柔情哪儿去了？

作者的外祖母让我想到了我的奶奶，头发早已花白的她忘性与年岁的增长呈正比趋势，可身体还是一样的硬朗，总能看到她的身影忙碌在田间和城市里。她带着不同时节的时令蔬菜给儿子和孙子尝鲜。一次，我问她："现在城市变化这么大，原来的老路几乎认不出来了，大伯又经常换摊位，你不会迷路吗？"起初她老爱和我夸口："我去宁波的次数比你吃饭的顿数还多呢，怎么会迷路？"最后她终于说："不认路我还不会问啊，一问路不就出来了？"是啊，"鼻子底下就是路啊"！

不知从何时起，人与人之间有了一扇虚掩着的门，没有一个人会轻易去推开它。就这样，人的世界渐渐独立分离开来。似乎人不犯我、我不犯人就是生存的原则。

"可是何必走冤枉路呢？宁可一路走一路问，宁可在别人的恩惠和善意中立身，宁可像赖皮的小幺儿去仰仗哥哥姐姐的威风。渐渐地才发现，能去问路也是一种权利，是不立志做圣贤先知的人的最幸福的权利。"作者的一番话点醒了我，也让我同她一样爱上了问路。问路不是一种麻烦，不是一件恼事，问路的同时感受到的是陌生人关怀的微笑，温暖的帮助。

同问路一样，哪个人的一生一出世就已经确定好一个明确的方向？还不是边走边问，还不是不时地接受别人的好意，一路问出一条光明大道。

问问你的人生路，体味世俗的温情，与人友善，与人有爱。

121

暗　涌

——读《澜本嫁衣》有感

曾　念

　　人的感情像一条河流，流经形形色色的人，最终干涸。感情又太过于心血来潮，而心血来潮的东西，从来就难以长久。

　　读了一个又一个的故事，发现感情似乎像无数的公式定律，稍不慎，一句话或一个动作便使你掉入其中一个，然后就按照固定的程序模式进行下去。若说平淡本该是生活的最安好模样，却是让人这般不甘心于此。平淡令人厌倦，而已厌倦的东西，是不会让人产生任何愧疚的，何况感情本是易碎之物，怎经得起如此漫不经心的玩弄？

1

　　你做了梦。

　　你梦见自己躺在秋的落叶里，就像一具尸体。看见巨大的白色蝴蝶飞过来，附在你的身体上。你惊恐地睁大眼睛，却发不出任何声音。

　　你梦见在水的深处，四肢被水草缠住，你拼命挣扎，愤怒、不甘、恐惧在你胸口聚集，叫嚣着准备随时随地破出。

　　你梦见奔跑在森林里，四周是迅速凋谢的白玫瑰，大片大片的黑色在你身后蔓延。它终于触及到你的衣摆，你看见自己就那样迅速老去。

你梦见你所爱的和你拥有的一切在你面前，然后像年代久远的墙壁一样纷纷脱落。你安静地蹲下来，把头埋进臂弯里，却没有泪。

这就是平静生活下的情感暗涌。然而，你仅仅只是做了梦。

2

克里希那穆提说："真正的自由是一种精神状态，其中没有恐惧或勉强，没有求取安全感的冲动。"感情本是束缚人之物，让人不得自由，但人们却总是因缺乏安全感陷入一段又一段的感情之中。"我的感情像一杯酒。第一个人碰洒了，还剩一半。我把杯子扶起来，兑满，留给第二个人。他又碰洒了。我还是扶起来，兑满，留给第三个人。感情是越来越淡，但是他们每个人，获得的都是我完整的，全部的，一杯酒。"《澜本嫁衣》里，知秋如是道。

不过分相信生活幸福的人是幸运的，所以知秋是幸运的。然而，一如既往地相信感情，却不知幸还是不幸：因为相信，不论遭受怎样的磨难，她都愿重新开始；因为相信，她总是刚逃离一个磨难，便掉入另一个磨难中。

她最终还是累了。她说："一生，我觉得是希望害了我。"

知秋死了。

3

你的年龄让你愿意去相信。你的生命才刚开始绽放。

你有青春的躯体，你有永不疲竭的精力，你有饱满充沛的感情，你的眼里有积极热烈的光亮。

最重要的是，你有一颗从未受过伤的、愿意相信一切的、年轻的心。

梦里花落知多少

——祭红楼遗梦

刘 涵

一个是阆苑仙葩，一个是美玉无瑕。深情寄红楼，不知此缘是良缘，还是孽缘。

当我翻开那浩瀚如海的书页，随黛玉一同迈入偌大的荣国府时，便走进了一个绚烂绝美又残酷无奈的梦。所有的传奇，都在这富丽堂皇的荣国府中，撕扯着每一个人的血肉，以这些个闺中儿女的命运为养料，全心全意、瑰丽地绽放着。

于我而言，《红楼梦》是作为一个理想而存在的东西。就像森林中那些美丽的小蘑菇往往都是有毒的，海洋中如同幻觉的深海之雪是由无数生命的残骸和怨念汇聚而成的一样，所有美丽到动人心魄的事物，往往都是浴火重生的产物，他们的骨子里，都是弥漫了痛苦与不堪的。宝黛的爱情悲剧，王熙凤最后曝尸荒野的悲惨结局，薛宝钗在孤独中了结余生，荣国府千年不动的繁华分崩离析……都只是为这章传奇的故事添染了一份残酷的美丽罢了。以血，以泪，以虚情，以真意，只为勾画红楼最后的美梦。

传奇的故事中必有传奇的人物。《红楼梦》中的女子，真真儿算得上是神妃仙子。黛玉娇弱，多才多情，似空幽峡谷中一支冰玉兰花；

宝钗矜贵，如华美庭院中的凝露月季；熙凤华丽，是国色天香的含香牡丹；湘云亮丽，是百草园中热烈盛放的多情芍药；尤二姐刚烈，是数九寒天傲然绽放的白梅……在曹雪芹笔下，竟让花朵忘了时限，忘了地点，全都聚到了一处。

宝玉真是好福气，能做一只多情的彩蝶，能在这万花丛中流连忘返，能沉醉在这些奇女子的风情万种中。不过这也是必然，这世上的男子，也只有宝玉真心怜悯着这些女儿们，钟爱她们的美丽、纯洁、过人的才智，怜悯她们的不幸遭遇，看似胡搅蛮缠的行为，在我看来倒更是一份真情的流露。

《红楼梦》的迷人之处，不仅仅是在讲一个儿女情长的爱情故事，更是道出了一个时代的悲哀。一个时代造就了真情者的叛逆，毁灭了一代人的命运。

"花谢花飞花满天，红消香断有谁怜？"在这个时代，不知有多少人就那么无声无息地死去，生命犹如烛火，在黑暗中摇晃着，摇晃着，就灭了。

"明媚鲜妍能几时，一朝漂泊难寻觅。伤心一首葬花词，似谶成真自不知。安得返魂香一缕，起卿沉痼续红丝？"这似乎成了昭示其命运的谶语。她如一朵馨香娇嫩的花朵，悄悄地开放，又在狂风骤雨中被折磨成枝枯叶败，从尘世悄悄消逝。女儿只是花，若得一良人，那对她，才是最大的庇佑吧，可惜那世事偏要棒打鸳鸯，偏要让他们走向悲剧。

天尽头，何处有香丘？黛玉的香丘何在？宝玉的香丘何在？凤姐的香丘何在？宝钗的香丘何在？整个荣国府的香丘又在哪里？我想，大抵是没有了。只要他们还在这黑暗中飘摇，便不会有灵魂安息之所。也许曹雪芹最初给他们的结局便是最好的：好一似食尽鸟投林，落了片白茫茫大地真干净！

所有繁华都是哀荣，所有思念都是挽歌，所有回眸都是永诀，所有爱怜都是祭奠。红楼之梦终究是破灭了，如夜空中的烟火，绚烂华美，稍纵即逝，所以，红楼之梦只是天上，不是人间。不过她即使是残破了，也是美丽得无与伦比。

是非题

　　人生没有如果，只有结果和后果。人类作为灵长中的灵长，却在越来越辉煌的物质文明中萎缩，湮没在闪烁的霓虹灯下，迷失在情感的沙漠里。我习惯了把过程与结局放在一起，对比今天和昨天，却始终无法习惯把人性的善与伪善结合在一起，构成世人口中的"纷纭社会"——比如我第一次将皎洁的明月、纯真的孩子气与密闭空间的乌烟瘴气、恪守成规联系在一起时，是怎样的纠结为难。

对　视

季　翔

我，时常害怕见到那双眼睛。

小的时候，我比较贪玩，时常做一些让父母烦心的事。记得那天我一个人在家玩耍，一不留神将爷爷收藏已久的毛主席瓷雕像打碎了。恐惧、紧张、焦虑、担心……千万种情绪在我的脑海中凝聚成一种歪念——将碎片悄悄扔掉。打扫、装包、出门，动作之敏捷连我自己都觉得难以想象。但当我将装着碎片的包扔进屋后的小河中时，一种强烈的不安扑面而来，我吓得四处张望，却没见到有任何人在附近，只有河水中我自己的倒影在不停地晃动。当我朝自己的倒影望去时，吓得不住地退步——有一双眼睛竟然也在看着我，而且那眼神好可怕！

害怕见到水中的倒影，害怕见到那双眼睛，所以多年来我再没去过那条小河边。

可是我还是又一次见到了它——那双眼睛。

那是我初中时候的事了。青春躁动的我遭遇特别爱唠叨的老妈。一次，在一连串的"我知道"与无数个"要听妈妈的话"的强烈碰撞下，我夺门而出。

外面的世界多么自在啊，我骑着车尽情地唱着歌。阳光暖洋洋地照在身上，清新的空气活跃着我的大脑，该到哪里去好好放松一下呢？

惬意的时光总是那么短暂，我忽然间又有了一种不安的感觉——

我想去打球，可刚来到体育馆大门前，我又在那扇玻璃门中见到了它——那双我见过的眼睛和那种既熟悉又陌生的眼神。我吓得转身便跑，可一低头，那双眼睛依然在脚下的地板砖上闪烁。

　　好不容易离开了体育馆，我又想去玩电游，可在未开机的电脑屏幕上又看见了那双熟悉的眼睛，本无异样的它却刺得我好疼，甚至烧灼着我的心。"快滚开！"我大声地朝它吼着，可它却仍在那里紧紧地盯着我。墙上、天花板上，甚至空气中，似乎都有它的影子，我再也不敢看它，只有本能地撤退。

　　最后，思绪繁乱的我来到了城北的一座教堂。我抬起头，在那光亮而圣洁的天花板上又一次看见了它。这次我静下心来与它对视，似乎看到了里面蕴含着一种新的东西。

　　我回到了家中，嗫嚅着向妈妈道歉。我在妈妈的泪花中又看到了它，那双曾经令我恐惧的自己的眼睛，原来它也能那样清澈、温柔。

　　也许与自己对视真的需要勇气，只有当你问心无愧的时候才敢与自己对视，也只有与自己对视时你才能真正看清自己。

　　——那就请你时时与自己对视，做最真、最好的自己吧！

129

是非题

杂谈"异类"人生

姜 珩

　　这个周末，月考结束，无心学习，便信手拿来一本2011年的《散文》，随性翻看。读到郑文爕的《结缘》，屏着气看完，脑海里忽然跳出两个字——异类。

　　破山和竹禅，文章的两个主人公，以他们不同的人格魅力吸引着我。他们都是和尚，但又不同于其他的和尚。破山走出佛门，周旋应酬于官府军营，开斋吃肉，破戒止杀。他是佛教界的大德高僧，是一位学者型的佛门领袖。

　　竹禅相比破山而言却是更自我了些，他视宗教为艺术，吟诗作画，弹琴唱歌，恋爱红粉佳人、大家闺秀，恰似一位风流倜傥的才子。而真正令我佩服的是他们的"异类"性格。他们是僧侣中的"异类"。破山是一位在佛教界关注时政、关心国计民生、有革新精神的思想家和政治家。他用自己的实际行动真正履行着"普度众生"的佛家使命。他针对当时的社会状况，努力冲破体制的局限，渴望拯救民众于水深火热之中。他实现了佛家的大道法、大智慧。

　　竹禅是一位饮誉海内外而又性格古怪的画僧，他的书画风靡佛门，享誉文坛。他将书法、绘画、古琴等艺术汇入禅韵，弘扬佛法。后有人撰一副楹联赞誉他："携大笔一支，纵横天下；与破山齐名，脍炙人间。"

说到"异类",不禁又想到曾经看过王小波的一篇文章《一只特立独行的猪》,文章里的猪不同于普通的猪,是长着獠牙的异类。它本是一只圈养的猪,但经过数次不屈不挠的抗争和逃亡,最终赢得了自由。这正如王小波,他在自己所处的那个时代,执着地追求自由,追求民主,追求思想解放。他无所顾忌的童心,他的幽默才能和丰富想象,远远超过了那个时代的文学理解力。

　　他写时代创伤,是出奇机智地介入,介入到别人未曾介入的层面;写古代传奇,像写一出从容的游戏,在传奇寓言中拼贴现代人生;写未来世界,纯然从幻想出发,游刃自如。古之今人,今之古人,无不大智大勇,痴迷可爱,充满了奇趣。可是,当他及他的作品终于被人们、被时代所认同的时候,他却走了。在经历过生前重重的出书困难后,他竟无缘看到自己作品流传于世的那一刻。他是一个异类。作为匹兹堡大学的文学硕士,他甘愿辞去了中国人民大学的教席,选择做一位自由作家。王小波是一个理想主义者,无论在何时,他总是将自由放在人生的首位。

131

　　很多人都曾是他们所处时代中人们难以理解、甚至不予认同的"异类"。但是,也许正是有了这些"异类"的存在,这个世界才有了许多不同的声音。包容这样的"异类",是因为我们所处的这个时代需要聆听不同的声音。

是非题

活　着

鲁香玲

风信子死了。

风信子的花期有一个月，而我的只七天便凋谢了。她用七天展示尽婀娜的身姿，散发完浓郁的芬芳，便心急火燎地碾落成泥成土了。其实不是不能救活，卖花的说等花瓣凋落将花茎剪断，来年还可以再次开花。

一把剪刀横在风信子绿油油的茎叶上，犹疑不定。花瓣凋落完后，这拇指粗的绿茎便也柔软下来，不似当初笔挺了。也许，没有了支撑花朵的意义，便失去了独自笔挺的气力，但却仍旧青翠欲滴。坚硬的剪刀触上了柔软的茎叶，连我的心也柔软了。我该以怎样的心情看着冰凉的剪刀将那滴滴晶莹的绿汁变为颗颗冰凉的泪滴呢？当初买回她时，我是怎样兴高采烈，信誓旦旦地向所有人宣布我会照顾好我的风信子？于是，我放下剪刀，将老去的风信子放置窗外，让她最后一次接受暖阳的洗礼。然后，安静死去。早已释然，更毫无悔意。

有人说："杀了公鸡，也阻止不了天亮。"有些是早已注定的，即使我以残忍的方式使风信子的生命得以延续，那也不过是来年多活几天而已，她终是该逝去的。她能完整地逝去，终也干净，所以她的死亡比活着更令我欣慰。

第一次近距离地感知生存与死亡时还很小，在厨房中看见爸爸拿着菜刀杀鸡，地上鲜血淋漓，一片狼藉，顿时目瞪口呆，然后"哇"的一声哭着去抢刀，不是怕血，只是害怕它们受到伤害。后来，长大了便开始懂了很多，人吃鱼叫尝鲜，人被鱼吃叫遇难。这个世界，只有生与死两种状态，人是最高等的动物，所以人才能改造世界掌控生物。人与人之间也一样，在古代，胜者为王败者为寇；在现代只有不断提升自我成为强者，才能不被趋于物质化的现实世界淘汰，适者才能生存。所以，活着早已不仅是一种艺术，更是成为一门技术。

世界太浩瀚，人的生命太渺小。有人说活着累，便整天怨天尤人；有人说活着难，便整日躲避退缩；有人说，活着虽累虽难，但此世也只走此一遭，便珍惜短暂光阴，散发最多的光和热。

席慕蓉说过："我知道这世界不是绝对的好，有离别，有衰老。"那么生命究竟怎样才能让人满意呢？就像给入了锅的菜放盐，太苛刻太刁钻的人多一分则嫌浓，少一分则嫌淡，在不断的尝与调中，锅中的菜便也老了，没有了充足的水分，失掉了原有的营养，吃起来便索然无味了。人该适时地学着迁就和忍让，不能过分刁钻，学会自然地沉淀，不避嫌也不挑拣。毕竟阴晴圆缺太过常见，连山中的明月，有环，也有弯。活着，追求的是心灵的平静和成就的卓越，拘小处成不了大智慧。

后来想了很久，要不要再养一盆新植物，最终我打消了这个念头——花总会凋的，而花凋时的哀伤总是多于花绽时的欢笑。就这样一身轻地活着挺好，不用牵绊，不用多余的烦恼。集中精力去追求理想，或许会使我的存活更具有意义。毕竟，理想本就是一面镜子，如若摆在眼前，照出了某些魑魅魍魉的丑迹，也就能更清晰地去找寻那些光亮明丽的真意。

正如有人说过："你所浪费的今天，是昨天死去的人奢望的明天，你所厌恶的现在，是未来的你回不去的曾经。"所以，抓紧时间，赶快生活，好好活着。毕竟，人与花实则是相似的，花期过了，便一切都不再。

是非题

光 影 人 生

李开娜

"人生的一切美丽、一切变化都是由光明和阴影构成的。"诚如列夫·托尔斯泰所言，生活变幻，唯有光明与阴影和谐共生，方能经纬生活，舞出自己无悔的灵魂。

光明是美，它给我们以希望；阴影是美，它让我们积蓄力量。处于光明，或欣喜，或雀跃，不失一颗平淡之心；处于阴影，或失意，或困顿，不失一份斗志昂扬。

"一步一步走下去，踏踏实实地去走，永不抗拒生命的斑驳光影。"蓦然回首的刹那，陆离的生活会给你"公平的答案"。

月影徘徊的夜晚，三毛心如死灰。从幸福的云端跌入无尽的幽暗，痛苦如千万只蚂蚁啃噬着这个让人怜惜的柔弱女子。"连死的勇气都有，何况活呢？"最爱已然逝去，思念如梦相随，默然跪在荷西墓前，这只不死的青鸟告诉自己要走出清愁、学会坚强。奋起、执着、持笔……于阴影中崛起，在流浪中斑斓，三毛用倔强的眉眼在撒哈拉的足迹中守得生命的碧海青天。

光明已不为奇，阴影何足为惧！诚然，生活因光明而璀璨，人生也会因为阴影而富有内涵。

"一同去承受人世的危难，一同去轻蔑现实的限定。"膜拜地坛的"光明国度"，史铁生在眺望无限与绝对的决绝中洞彻了"生存的意义"；"活着和有生命大不一样"，感佩那充溢光明与温暖的"半亩花田"，田唯在光明与阴影掩映的生命欢颜中升华了生活的艰难与生命的尊严。

不要说生活无所谓光明与阴影，不要说生命无关乎"悲欣交集"，在光明与阴影的较量中，生命的脆弱、庄严、乐观，抑或坚韧都在诠释生活的睿智，丰盈生命的厚度与意义。

"存者，吾顺事；没者，吾宁也。"的确，光明之美，美得鲜艳，美在"润物无声"的浸染；而阴影，美在它的含蓄、低调，美在它对人格长久而坚韧的塑造。透视梵高的成与败，纵观莫言的辉煌与寂寞，有谁没有真正感受到光明与阴影轮回的阵痛，又有谁不是在光影斑驳的生活中上演着收获完美的人生？

"参差多态乃是幸福的本源。"不要为你取得的一点儿成绩而骄傲，也不要为你身处困境而惆怅。

席慕蓉说："生命是一条奔腾不息的河流，我们都是那个过河的人。"因此，人生免不了在风平浪静中伴着波涛汹涌。但我们只要能怀瑾握瑜，就会在光明与阴影的变幻中走出，站成一道美丽的风景，接受属于自己的荣光。

请记住，阳光普照，会是鸥翔鱼游的天水一色；光影斑斓，会是洒满希冀的康庄大道。

苦 楝 花 开

朱 骊

　　苦楝树，这是他偏爱的树，走在徽州的山城街巷山野乡村，随处可见。高高矮矮的苦楝树，婆娑的枝叶彰显着自己的风景。记忆里最清晰的，是巷弄口那株高大挺拔的苦楝树，像伴侣一样陪着一位老人，让他的晚年生活多了几分怡然。

　　许是缘分，那年我临近小学毕业，租住在老街口布匹一条街附近的一个小院子里。在缤纷的四月，在院子里那花开正艳的苦楝树下，我认识了他———一位来自异国他乡的老人。他头发花白，鼻梁高耸，脸型极像课本中的托尔斯泰。他说着拗口的普通话，我们几个伙伴围着看热闹听他讲故事。

　　时隔多年，具体的细节已经淡忘。依稀记得他说，在家乡他是一位制琴师，曾经的生活平缓而充实，切割，打磨，调漆，熬胶，五十年来虽一直做着重复的工作，但一直满怀着热情。他执着于自己的美学，执着于每次把琴身切割出的优美线条，以及那打磨得纹理光滑细密的面板。小提琴，在他眼中变得不一样，他听得见它的呼吸，那精灵的低唱。他说，传说，每一棵树都有一个精灵，在岁月镌刻的过程中，树的精灵也会随之净化。

　　我爱苦楝，她似一个很有涵养的女子，站在身后，迟迟开放，开在春花尽落时。她那样静默，像闯入人世的精灵，浮于尘世之上，不被任何事所累，专注于自己信仰。她给自己裁剪嫁衣，有份热情，却无须火一般大红渲染，而是心灵手巧绣一团轻纱，在阳光明媚之时，幸福出嫁。"

与老人相处的日子，岁月如一杯香茗，徘徊在树下，苦楝花送来阵阵馥郁的花香，香味幽幽。他从没说过具体从哪儿来，也没说家中有无亲人，只是讲着人生旅途上如梦似幻的亲历故事。当年的我用幼稚的眼神旁观这人生的跌宕反复，付之一笑。我可以让日子平静得无波无澜，不求华丽。我喜欢的是这份静美，丝丝缕缕沁人心脾，喜欢坦然平静地细数时光流过的点点滴滴。

因为，老人用他的心告诉我，他的灵魂不沉于这浮华的俗世，自由如旁观的存在，带着纯白的梦，独行去远方。当这份信念和热情变成永恒时，犹如他对制作小提琴的热情，无论是二十岁还是七十岁都一样，犹如苦楝树对自己的出嫁，即使时节的列车途经二十多个小站，带着花香轰轰驶来，最后一站才是苦楝，但她仍会穿着嫁衣等待。

离开那个小院，转眼已经五年。我从当年那个懵懵懂懂的小女孩儿，成了高中生。学习任务繁忙，也没有再去过那个小院，也不知那个老人现在是否安好。在这冷冷的冬日，我想起那年春天里的苦楝花。花开时节，每朵花有五个紫色的小小花瓣围着一个深紫色花蕊组成，每一朵花都像一个乖巧的小女孩儿。在努力地拉开裙摆跳着童稚可爱的舞蹈，跳得那么认真，以至于看的人都要生出怜爱来。

满树繁花簇拥犹如满天繁星，一串串、一簇簇，星星点点、细细碎碎、粉粉紫紫，无论是远观还是近看，都像一团团的轻纱，又像一朵朵淡淡的云，更像一缕缕烟雾。

只是觉得，人生，抑或如苦楝树，只要努力成长着，一样能够绽放自己青春的生命。

延伸生命的年轮

郭泽坤

前几日，朋友替我看手相，告诉我，你的掌纹就是你的命运地图。

命运这东西，没明明白白想过，也难想得明明白白。昨天回家，一棵行道树被砍了。我和同学背着书包去看稀奇。"原来这就是传说中的年轮啊！"一圈一圈，弯弯曲曲。年轮记录着一棵树的命运，命运是被用来记录的，只有在生命停息的一刻，命运才完整。

被同伴拉出人群，回过神看看手，觉得还是很熟悉的样子。但对于命运，那么神圣的东西我应该怎么去仰视？命运，命运行的痕迹，如此而已。分开来看，命即生命，是我们身体内在的东西；运即运行，是我们生命的运动与行走。虽说命运无常，但并非不可把握和改变，只要扼住命运的咽喉，永不放弃，即使是在最灰暗的时刻，也会出现生命的奇迹。甚至恰恰因那苦难和悲凉，方铸造我们生命的辉煌，我们的命运才成为绝响。

我不禁想起了豪放词人苏轼。是什么成就了他的成功呢？我想应当是黄州——他的贬谪之地。正是因为有了那些经历，才有了"人生如梦，一樽还酹江月"的千古绝唱，有了"小舟从此逝，江海寄余生"的人生况味，有了"拣尽寒枝不肯栖，寂寞沙州冷"的光辉峻洁……"乌台诗案"将苏轼的命运降到冰点，可他强大的内心让这个冰点如此绚烂。

　　超越了"运"的华丽转身，往往有一种震撼人心的力量。树的命运记录在年轮上，那是有休止的圆，因为树没有思想。对于人，我更愿意相信，命运是无休止的射线，没有终结，没有极限，没有完美，直到死亡。所以对于命运的抗争与追求，脚步都是停不下来的。

　　听说沙漠中有种叫骆驼刺的植物，根下部分长达十几米；听说有种叫荆棘鸟的动物，一生只停下来一次，那一刻便是死亡。这样的生命在命运的牵引下，难道不是一个紫色的灵魂吗？球王贝利回答得好，当被问到"你的众多次射门中，哪一个最好"时，贝利的回答是"下一个"。这样的年轮已经在延伸拉长。

　　命运是生命运行的痕迹，是自己踏过的足迹。不可预测，不可终止，无论如何都要向前，这样才能把命运紧握在自己的手里，然后升腾起一个神圣而高贵的灵魂。

139

是非题

生如红叶

周馨匀

这片红叶是在日记本中偶然发现的。闲来无事，便随手翻了翻以前的日记，没想到的是，在重温往日的酸甜苦辣之余还会有这意外的收获。

我已经记不清我与它相遇的时节是阳光在树丛间跳着芭蕾舞的初春早晨，还是秋风伴着落叶舞动一支多情探戈的晚秋，更记不清它曾尽情歌唱过的地方——是在人们争相观赏的著名风景区还是无人顾及的角落？

然而，这些都已不再重要。重要的是，如今它只是一枚普通的书签，沉睡于书页间，让笔墨的余香浸入汁液，让文字的宁静洗涤曾为世俗熏染的心灵。无论曾经多么炫目多彩，如今它已甘为一枚书签。

是啊，红叶的一生不就是人的一生吗？从最初的年少轻狂到最终的甘于平凡，这一切是何其相似？

曾读过这样一篇文章，写的是作者在一次偶然的机会下得到了一本旧书，在书页的空白处写满了两个年轻人的留言。在那个信息远没有今天发达的时代，图书馆的这本书成了他们交流的秘巷。作者被他们的爱情故事所吸引，他了解到男孩儿和女孩儿非常相爱，但由于男孩儿家境贫寒，女孩儿的父亲无论如何也不同意他们俩在一起。后来男孩儿去造船厂工作，女孩儿继续读书。即使这样，两人的爱情却一如既往，丝毫没有改变。这令作者十分感动。然而令人伤感的是，男孩儿却在一场意外事故中身亡。在书的最后一页，作者发现了图书馆的借出卡，上面的署名竟是自己的母亲！

当他沉浸于这样一段刻骨铭心的爱情中时，又怎会想到故事的女主角竟是自己平凡的母亲。作者没有对他的母亲进行过多的描述，但不难猜出，他的母亲应该是一位十分平凡的家庭主妇。当年的年轻美貌早已不再，岁月已在她的身上留下了不可磨灭的痕迹。曾经对大海、对鲜花、对烛光、对焰火充满憧憬的少女情怀已随着时间的川流不息而日渐瓦解，取而代之的则是对茶米油盐的斤斤计较，对儿子、丈夫喋喋不休的唠叨。时间最强大的魔法并不是将一位妙龄少女变成一个沧桑老太，而是当她再度看见大海、烛光、焰火、鲜花时心中早已波澜不再。因为生活教会了她平静的大海很美。

大多时间，生命本身是相通的。我们常常感叹花草树木的命运，感叹之余还不忘加以评价。殊不知，我们感叹它们的一生，其实就是在感叹自己！

多少人感叹青春的纯美与简单？因为只有年轻人才拥有那份不服命运的放浪不羁，只有年轻人才会对所见事物肆无忌惮地大加评论，也只有年轻人才会无论遭遇什么挫折始终坚信自己独一无二。

然而，大多数人都是平凡的。在世俗中，那颗曾经年轻过的心难免被风沙吞没，被主人遗弃在时光的角落。这片红叶是否也已失去了那一颗年轻的心？是否也忘了那个春暖花开的季节，那个它曾站在枝头尽情歌唱的季节？只是，物是人非，只怕想起，也恍如隔世。

茶

周美君

　　浅褐色的液体，深沉、厚重，不似清水澄澈。滤了叶，染上黄浊的纯净清源不免让人心生抵触，这便是我初遇"茶"时不快的念想。

　　家中有一颇有历史的镂空玻璃柜，底层的角落一直搁置着盛放茶叶的红漆铁罐。大红的罐身，即便覆满积年的灰尘，红色依旧张扬刺目。家人从不喜饮茶，也未见擦拭。

　　一日，我心血来潮取出那红铁罐，罐口早已生了锈。不想撬开后霎时一丝清香之气溢出。茶粒密密地挤满了不大的空间，绿色的粒，是那种暗深的绿，像是经年打磨的翡翠，光泽褪去黯淡无华。茶身纹路交错纵横，饱含沧桑。难以看出茶山上翠绿油亮的叶片竟是它未曾雕琢的前身。

　　人的巧思总令我惊叹：不惜一切将事物原态刻蚀得面目全非，却唯独对这极致惊心的美情有独钟，如檀木，如银杏，命运也难逃如此。不禁心生悲悯，眼前形容枯槁的身躯，如何承载往昔茶园清欢的梦？它们该以怎样的心境经受住烈焰的淬炼，形神依旧完好留存？感受到生命的无畏，我充满敬佩也愈发无言以对。

　　曾经滴茶不沾的我这时竟有了一尝其味的冲动。家中并无茶盏，勉强只好用珍藏已久的白瓷杯代替。杯缘是一捧清雅的雏菊，真假难辨，倒也与这茶叶的清高相称。

水缓缓添入，杯底的叶打了个旋即往上升，乘着水力浮至杯口。涩涩的茶香萦上鼻尖，意蕴绵长。蜷曲的叶片在翻腾的热气中舒展，压抑的灵魂瞬时得到释放，宣告着他的不甘与热烈。在这一方狭窄的瓷杯中，氤氲水汽作背景，它忘情地绽放。

苦涩的茶水滑入口中，滚烫的感觉顺着舌尖蔓延至四肢百骸，眼中涌上一股酸涩，口中的涩味久久地化不开。

我为这清茶所折服，它用全身心坦然相对做出与人世的告别，在最后一次的丰盈饱满中淡漠无息地转世、重生、循环，成为不朽的存在。此刻我的懦弱在清茶面前无所遁逃。我假以畏惧之名，仿着剧本上台下戏，俨然成了笑料。

"来不及认真地年轻，待明白过来时，只能选择认真地老去。"揽镜自照，年轻的外表下，我却看到了一颗渐趋苍老的心。生活何时让我成了提线木偶，那些最初的坚持已在我们的世俗迎合中消失殆尽。这一刻，我闻到了淡淡的悲哀弥散在茶的清香中。

手中的茶水渐凉，几片枯蝶般陨落的茶叶静静地躺在杯底，以安详的神情沉沉睡去，而我们的生命还在继续。朋友曾说向往《狼图腾》中狼群的野性生活，无羁与放纵，那才是真正的她。那么真正的我呢？

轻柔地拂拭掉红铁罐上的灰尘，封上铁盖。浓郁的香气顿时被剪断开来，可我知道茶香依旧会在红绸包裹下的世界里酝酿、沉淀。

将红铁罐放回柜角，下次再见它时，该是另一番光景了吧……

我只是讨厌屈服

傅屈晨

三三两两的人站在路边，低头摆弄着手机，面无表情。偶尔抬一抬头，看见越来越多的人加入，便不顾前行的车流，向马路对面走去。这，便是典型的"中国式过马路"——凑够一撮人就可以走了，和红绿灯无关。

我，虽然熟知交通法规，并自以为是个守纪的中学生，每天，却也是这样过马路的，原因很简单，省事，再一个，是安全。省事自不必说，行人们都很急，急着上学上班，急着买菜购物，急着赶飞机赶约会，自然不想等那烦人的几十秒。

安全，则是相对而言。时间长了，司机和行人们也似乎达成了某种心照不宣的"默契"。行人们自知血肉之躯挡不住钢铁之身，便扎堆儿寻找某种安全感，似乎人多势众便赋予了自己某种先过的特权。司机们自然不傻，既然路口没有交警和摄像头，那么，就无视那小众的利益而图自己的方便，这里说的"小众"，便是那些遵守交规落得形单影只的行人。不必担心，等人一凑多，便又可以过了。

但我却心有隐隐的不安，毕竟，这微妙的"默契"，只是危险和灾难面前临时放置的一张纸板，一推便倒。一个月前，我就亲眼看到一辆出租车将一台摩托车撞飞，司机摔得头破血流。

仔细想想，如今"过得去就行"似乎成了大多数人的某种信条。

我们是什么时候开始失掉青春本应有的锐气的？

知名画家陈丹青从清华辞去了美术学院教授的职务，因为现行的政治和英语考试，让他招不到自己想要的学生。他说："我接触最多的情况不是质疑、反抗、叫骂，而是——这是让我最难过的——所有人都认了。"当记者柴静问他怎么叫"认了"时，他笑了一下："我现在随便到马路上拉一个人来，你见到这个人就知道他认了，从很深处认了。"

是的，太多人已经认命了。我们对看得见的不合理认命了，对看不见的潜规则也认命了；我们对自己的权利被剥夺认命了，对他人飞扬跋扈的特权也认命了；我们对胡乱排污认命，对沉重的学业认命，对空洞的口号认命……本应奋进的青年有的已变成了模式化的橡皮人，无知无觉，暮气沉沉。

我在想，为什么在以前艰苦的条件下，仍能涌现大批"指点江山""粪土万户侯"的英气少年，如今物质生活丰富，却鲜见锐意青年呢？

他人可以抱怨是环境磨去了自己身上的棱角，但我们不能，因为我们正年轻。我们不世故，因而敢于创新；我们无所忌惮，因而可以直抒胸臆；我们怀着对未来的希望，因而有勇气面对可能的失败，至少，可以跌倒得有尊严。面对压力，我们该用青年特有的乐观与朝气去应对，而不是让心灵蒙上岁月的尘垢，变成那些我们本来就讨厌的人。

郝劲松曾多次将国家税务局和北京地铁告上法庭，原因是在火车上购物和地铁如厕时未能要到发票。当被问及为什么这样做时，他微微一笑："我只是讨厌屈服。"

正如他所说，权利如果不去捍卫，只不过是一张废纸；奋进如果不去践行，只不过是一句口号。而任何一句话，一旦成为口号，便失去了灵魂，因为众人的盲目，让它变得遥远而不真实。

奋进，就是活得真实。

因为真实，自有万钧之力。

听听那声音

王涛磊

晚风中是谁在一路轻轻哼着童年唱过的那首熟悉的歌。

牵着你的手一直走啊走，我就走到了小时候。

——题记

在秋天，与时光一起流浪。

乡间的小路上，有一种久违的静谧与安详。时光静静地荡漾，不知是否会在下一个路口，与她有一场美丽的邂逅。停住脚步，且听风吟，野菊花的清香随风飘荡，让我的思绪也不禁延伸到远方。

"夕阳鸟外，秋风原上，目断四天垂。归去一云无踪迹，何处是前期？狂兴生疏，酒徒萧索，不似少年时。"柳三变的一曲《少年游》引发了多少人对于生命与时光的思考？

我毕竟还没有老到会坐在黄昏里感叹岁月流逝的年龄，但我承认，自己是痛恨时间的流逝的。三毛曾说："岁月极美，在于它必然的流逝。"然而此时的我，还没有学会珍惜那易逝的半点儿光阴，每一秒，似乎都是在虚度。

岁月如水，经年无痕。

记忆中，我的故乡就像是一张无声的老照片，有着黑白的底色。在那里，悠长的时光就那样无声地流过；每家每户的炊烟总是凌乱地飘荡在房顶上；太阳循着它永恒的轨迹，每天自东升起自西落下；人们日出而作，日落而息。"昼出耘田夜绩麻，村庄儿女各当家"，黄土地上春天播种，秋天收获。生活中，有鸟语，有花香，人生如同卷舒自如的云彩。我一直深爱着那个村庄。

岁月悄然流过，带走了一代人的记忆，也带走了一个时代的回音。小时候，我曾希望我的家乡有一天能焕然一新，处处高楼林立，但当我真正长大了，看着故乡的面貌被不断地翻新，伴着工业化的脚步前行的时候，我多渴望它能停住前行的步伐。

张晓风说："人生的栈道上，我是个赶路人"。所以我想，一切的一切就如同踏马而归的美丽过往，都只不过是生命中的浮云。时光从身边肆无忌惮地溜走，周围的一切都在默默发生着改变。不变的，唯有头顶这片天空和脚下这方土地。

"春花秋月何时了，往事知多少。"小时候我不知道这句诗的含义，后来我才知道，原来，再美的人生，也不过是浮光一道，再辉煌的人物，终究也只能被载入史册，成为时代的缩影。所谓天长地久，那只不过是浪漫的臆想罢了，而我只愿时光似那逝者如斯、不舍昼夜的庭前流水，能将忧愁冲淡。

远远的，我听到有人在唱："晚霞中的红蜻蜓请你告诉我，童年时代遇到你那是哪一天。"

时光断裂的声音，你，可听到？

爵士时代的星空

刘子亮

　　虚无缥缈的绿光从对岸映照过来，在星空之下若隐若现，却又勾勒出对岸公馆的辉煌，让盖茨比刻骨铭心又心潮澎湃——那是黛西家的绿光，此时的他却无法想象多年以后，来自海湾另一侧的绿光竟夺取了他的梦、他的全部。

　　他坐在盖茨比公馆里花团锦簇的庭院中，坐享无尽却又孤独的辉煌，望着对岸，回忆起当年在圣路易斯安那——黛西的故乡，出身没落家庭的他从一票贵族军官中迎面而上对视的第一次，也是情定终身的情缘。他如今的眼眸是激动与感慨，他憧憬违背战前之际的誓言而嫁作人妇的她会和他重续前缘。如今他频繁宴请，只为有朝一日，能够吸引她的到来。从前的星空汹涌澎湃，如今的星空希冀漫天。

　　菲茨杰拉德是幸福的。因为丽尔达，他收获了晦涩艰苦却愉快的早期写作生活；因为丽尔达，他收获了爱情；因为丽尔达，他收获了《了不起的盖茨比》。他将他的情感融入了这部半自传小说，融入这片幻灭而又美好的星空。但也因为丽尔达，他毁灭了自己。

　　终有一天，在同时作为邻居和黛西表哥的尼克的安排下，盖茨比与黛西在自己的另一庭院见了面。为此，他如火如荼地准备了一个星期。

　　再次见面的两人罔顾黛西丈夫的存在，盖茨比还多次邀请黛西到家中做客。而公馆不再欢饮达旦。

逐渐地，盖茨比发现他完美无缺的女神似乎改变了——在公馆中，她曾抱着满地的华衣哭泣："我从来没有这么漂亮的衣服，我好想拥有。"一次又一次，他发现她脑海里充斥着拜金主义与冷漠。盖茨比很惶恐，他发现与这片星空之间有着遥不可及的距离。

黛西与丈夫公然决裂，但因一次酒后驾驶而酿成的杀人事故又与丈夫合谋陷害盖茨比。最后复仇的家人上门，盖茨比公馆变成了屠杀场，盖茨比的鲜血在等待两人远走高飞的希望中流淌。对岸是黛西家的绿光，延伸在漫无边际的黑黢黢的土地上。

婚后的菲茨杰拉德凭借《了不起的盖茨比》获得文学史上崇高的地位，凭借细腻华丽的短篇小说维持歌舞升平。他拥有着金钱与才华。但妻子丽尔达的挥霍无度，让他物力维艰；丽尔达的精神一次又一次崩溃，更让菲茨杰拉德的精神支柱砰然倒塌——他病倒了——后来一次心脏的猝痛宣告他身体、才华与梦的毁灭。那是一个时代的梦的毁灭。

绿光与星空紧紧相连，照耀着爵士时代之梦的泡沫与幻灭。

149

花 香 满 径

李玉婉

这是几年前的事了，而我却久久未能忘怀。

那时，我家住在一条说不上名字的巷子里，听上去似乎充满了野性的趣味和历史的气息。说来可笑，胡同文化经历了九曲十八弯钻到这儿时，便只剩下人们的口舌之争与喋喋不休的抱怨。就像我讨厌的傍晚的太阳，耗尽了光芒，便只剩灼人的热量。

巷子临街，也许这个小镇的偏远所能赋予这里的唯一优点便是没有市井的喧哗。附近没有垃圾回收站，也没有打扫卫生的环卫工人。居民们多次为之愤怒，聚在一起时又是屡屡抱怨，这一切的最终结果是：他们不约而同地选择把拐角处的那片草地作为垃圾场。

于是各色各样的垃圾便从各家各户流入这里，五颜六色的垃圾袋在风中张牙舞爪，哈哈大笑，嘴里散发着腐臭。人们一个个掩鼻而过，眼里满是厌恶的神色。奇怪的是，居然没有一个人反对这种行为。于是，垃圾依旧。

和大多数人一样，我习惯了把愤怒宣泄在恰当的地方。每次从那经过，有想大骂一场的冲动，也不得不先闭气再说。过后，冲动消退了，愤怒也就大半忘却了。

每个人似乎都习惯了这样的生活。

一日，我又路过那儿，却一眼看见一个孩子正在垃圾旁努力地挖着什么。我强忍着想跑远的欲望，凑上前去。

"小朋友，你在找东西吗？"

"不是，我在种花。"

"种花？在这儿？"

"对。妈妈说，花是最香的，我把花种在这里，这里就不会这么臭了。"

"可是几朵花又怎么能遮盖这么大的气味呢？"我不忍心告诉她种了也一定活不了，便委婉地这样说。

"可是不种又怎么能肯定呢？我一定会种好多好多花，让这里香香的。"她却一脸自信。

这件事情不胫而走，我无从得知每个人听后的感受，只是惊奇地发现，一个星期过后，垃圾堆消失了；又过了一段日子之后，那里开满鲜花。

我惊愕了。

曾经的我一直信奉：一滴清水，不能使整杯浊水变清，一滴浊水却能使整杯清水变浊。因此我以为几个爱生事的人会说三道四，更以为那个孩子的努力不过是个玩笑。而现在，我却无言。

一滴清水也许不能使浊水变清，却能将它稀释，哪怕微小，但只要有希望，便要相信，终会花香满径。

151

暖　冬

张金琰

　　喜欢在窗户旁捧着一杯热水，呆呆地凝视外面的景致。

　　冬季的天空是独特的。苍蓝的暗流静静地涌动，直直划过了眼前一大片冻结的空气，干净的天空纯白得像一颗奶糖，小心翼翼地剥开最外层的鲜亮糖纸，呈现在眼前的便是那纯净无瑕的小方块，舍不得一口咽下，又怕放在手心里融化了。不远处的山脉以温柔舒适的姿态静卧在大地上，一阵风过，便吹乱了满身的色彩，有苍劲碧绿的树木，有金色微黄的叶片，还有光秃秃直立的麦田，从我的角度望去，是多么像一幅被安谧渲染的油画呀！而漫天的浮云慵懒地游荡在天空，不时飞来几只越冬的小鸟，在空中盘旋一阵，仿佛道别似的，舒展一下久未放飞的羽毛，便又喧哗地飞走了。

　　这个冬季，有阳光穿行。

　　走过静静的校园，听着风温柔掠过发梢的低吟。不远处的树木在阳光下闪耀着大片大片的斑影，如水般晃动在地面，倾洒下一片片一帘帘的灿烂。走到阳光照射的地方，我摊开手掌，像个虔诚的信徒，迎接着从空中一泻而下的光芒。缕缕如丝般光滑透明的光线从指缝间悄无声息地穿梭着、跳动着，像琴谱上的音符，优雅舞动在黑白琴键上。默默凝视着眼前的一切，我不禁想到了那些逝去的青春岁月，那些曾经灼热而淡美的年华，而忘记归途的我们，带着孩童般清澈的双眸和温润的笑颜，把生命伸展开，在时光下检阅出一片纯白，美好又忧伤。

似乎在冬季，所有的一切都要经历一次华丽的蜕变。

大自然沉默在寒冷的冬季，灯火辉煌的城市也在此时变得一片繁芜，可是仔细找找，又会发现不一样的美丽。成群的鸟儿呼啦一下从天的一边飞向天的另一边，它们的声音徐徐落下，是一连串碰撞了流年的清脆声响，离别在时间里一片想念的空白。当它们飞越过茫茫彼岸，经历了一次次的磨难，又在来年春天返回，只不过羽翼变得更加丰满，琥珀色的眸子越发坚定，像是在光中盛开的一抹晶莹，灿烂了这个季节。

听说，红莲在绽放的一刹那是无比温暖的，就像嘴角上连绵的微笑。

冬季的空气是冰冷的，那种冰凉是能让任何带有温度的东西都窒息的。我时常边骑自行车边对手哈气，看着不断上升的白气，就皱着眉头想："怎么又这么冷？"到了教室赶快接上一杯热水，正待喝上一口暖暖身，就被迫不及待向我奔来的人影——老白一把抢过，我惊诧地看她一口气喝了大半杯，然后哈哈大笑："呀，怎么又给我喝，我都不好意思了！"闻此言，我便和她一起傻呵呵地笑，奇怪的是，笑着笑着就觉得温暖了。

有时候会在走廊上遇到小昳，她总是惊喜地看着我，然后小跑过来，拉住我的手，带着腼腆文静的微笑，关切地问这问那。我总是在这时候失神，凝视她温柔的笑，仿若冬日里最灿烂的阳光倾洒在身上，一时间春暖花开。其实，还有很多人给我温暖的笑，像珂、亮亮、丹宋宋、小颖子……她们的笑是最唯美的光芒，点点滴滴流连在我的生命里，一直一直伴随着我穿梭在这个寒冷的冬季。

回眸而望，一片叶的飘零纷飞了金色旋律；回首驻足，一朵花的绽放，灿然了粉色想象。而当我蓦然转身，那束光芒和一抹微笑，美好了这个温暖的冬季。

生活给我智慧

张舒婷

人生如棋。

第一盘。也许是太想证明自己，也许是太急于取胜，我步步紧攻，棋风凌厉。然而由于疏于防守，很快被对方打败。一盘本可以更加精彩的棋，就这样匆匆收场。

做任何事，都讲究严密，考虑要周全，不能顾此失彼。如果急于求成，或许会适得其反。再说，过早的分出胜负，也许未必是好事，即使赢了。因为一盘匆匆结束的棋不算是好棋，那一段草草走过的人生也不能算是精彩的人生。

第二盘。稳多了，攻守结合，稳步推进。对手思索的时间越来越长，也许对方已被我难住，但也很可能在琢磨更加高明的招数，突然，对方紧绷的脸露出了微笑，我知道我又惨了。果然，对方在两条棋路的交叉点上放了一颗棋子，这下一举打通了两条路，我已经堵不住了，只能认输。

解决问题，应该把握关键之处。对于这盘棋来说，两条棋路的交会处就是关键，谁能抢占先机，谁就能出奇制胜。

第三盘。双方比拼进入白热化阶段，我和对方都不动声色，但早已在棋盘上战得热火朝天。我盯着棋盘老半天，终于看出了门道，往交会处放了一颗棋子，以其人之道还治其人之身。我得意地望着对手，然而对方并没有认输的意思。

对方不断地用四子，我不慌不忙，心中暗想："哼，看你还能顽抗多久。"我还没得意多久，就惊异地发现我又输了：对方不停地用四子创造机会，反倒先我一步制胜！

看来，就算是看到了胜利的曙光，也不能有丝毫松懈，否则很可能会与胜利失之交臂。就对手而言，能在劣势中积极寻找对策，不放弃希望，最终绝处逢生反败为胜，真是难能可贵。

虽然连输三局，但我没空去伤感，因为我一直暗自庆幸：幸亏让我在下棋中总结了人生的智慧，如果让人生教我这些，我付出的代价绝不会像连输三盘棋这样简单。况且我知道，棋可以连续下多盘，而人生，只有一场，一旦走错了，就没有机会再来。

小棋子，大智慧。

棋如人生。

本色的高度

尹雁航

如果有可能的话，我一定要将我的灵魂分离出来，成为另一个自我，站在远处，冷眼观察着我在世俗中的行走。

——题记

子曰："七十而从心所欲，不逾矩。"也就是说，人到了七十岁，在经历了"而立""不惑""知天命""耳顺"之后才能真正地表达自我的本色而不坏了规矩。为什么一定要在七十岁之后呢？不是有很多年轻人标榜着"活出本色"吗？

年轻时的"本色"多属于一种逃避，是面临着周围人和社会所施加给他们的压力之后，无所适从，然后为自己找一个冠冕堂皇的理由全身而退。这种明明软弱却还要找到一个貌似强大的出口的做法，简直太符合多元社会中，全方面高速度接受各种信息的年轻人了。所以他们的本色，多是"逾矩"的，是不被他人所看好的。而多数的年轻人还在叫喊着"个性、本色、叛逆"，这是多么令人悲哀啊。这些孩子们连环境和社会都不曾看破过，还一心想颠覆它，这怎么可能是本色呢？

而褪去了年少轻狂、走过了人生起起伏伏最终退回到角落里的老人们，他们用一生参透了人生的含义，用一生来筛选人生的宝藏。在一生的寻找自我的过程中，早就去除了那些纷纷扰扰的杂念；在一生的与世俗的碰撞中，他们早已面对一切荣辱不卑不亢、不喜不悲。因为在人生的兜兜转转中，他们以智者的态度看破了自己，从而目光直抵自己的内心深处。

但总会有这样的人：他们生活得自由而潇洒，仿佛纷纷扰扰的人际和环境对他们全无影响，而世俗对他们羡慕又敬佩。他们入世而又超然物外、省察人生。他们时时流露本色却无人反对。只有到这时，我们才突然发现：本色，是一种自由；而自由，是一种高度。

能真正敢于流露本色的人并不多，多数时候，我们都是带着各种各样的面具行走于世俗中。莎翁说得好："世界上的脸总比人多。"这是我们在面对这个世界时不得不采取的自保方式——与其针锋相对不如暂时将自己扮演成为别人息事宁人。那么，何时见你本色呢？只有在一个人强大到可以蔑视一切世俗规则之后，才可以大胆地说：唯真英雄能本色。

本色的高度，永远建立在对人世的通透与面对生活时清明的理智之上。

157

冬日里的最后一只候鸟

亢　寒

　　或许我是今冬留在北国的最后一只候鸟，我的同伴们早已成队地穿越大半个国度。我和我的家族，世世代代过着迁徙的生活。冬天，我们会成群地飞过城市，飞过森林，到达温暖的南方。我的祖辈告诉我，北国的冬天很冷，我们无法承受这样的寒冷。于是，我们学会逃避，以谋求生存。他们同样告诉我，北国有雪，北国的雪很大很大，会积得很厚，肯定也很美。万物披上银装，四周静悄悄的，阳光洒在一片晶莹上，肯定会很美。

　　我只是听，我无法在脑海里展现那种美，我也无法祈求祖辈们告诉我更多。他们也从未见过。终于有一天，我做出了一个疯狂的决定，我要留下来，看北国的第一场雪。所有认识我的鸟都劝我冷静。但我的倔强，我的任性，我对雪的憧憬，让我无法改变我的选择。

　　我的兄弟姐妹都走了，他们扑腾着双翼向我告别，他们依旧怀疑地问："真的留下来？"我固执地点点头，缩了缩脖子。他们无可奈何地飞走了。留下我，一只孤独的鸟，面对北国渐冷的天。

　　秋天飞快地过去，北国的风开始变冷。我缩成一团，想得到一丝温暖，但那刺骨的风，却穿透我单薄的羽翼。我不停地抖着，度日如年。

　　不过我不后悔。我看到了很美的景致。北国的黄昏总是那样的美，太阳把它的余晖慷慨地洒向大地，一切都如同沐浴在静默的辉煌里。风很大，我等待着，等待着北国的大雪，那场雪会在什么时候来呢？

我开始迷茫，担心我所有的努力都化为泡影。因为这些天来我的翅膀渐渐开始变得有些沉重，有时呼吸起来也有些吃力。晚上我常常梦到我的朋友们，他们在南方的一条河边嬉戏，还留下一路歌声……

每天清晨，太阳仍不紧不慢地升起，透过那些稀疏的枝条，洒下一点儿温暖。我冰冷的身躯开始有些暖意。

我整整羽衣，挣扎着飞到高空。黄色的芦苇，鲜红的枫叶，金色的河流，还有那赤裸着的黑土地……我庆幸看到了祖辈们从未看到的风景。

但我依然不想走，我要等待那晶莹的雪花降临人间。

天越来越冷，我开始失去局部的知觉。每天的活动和觅食变得越来越艰难。

朦胧中，我的羽翼触到一丝冰凉，是不是雪？我睁开眼，哇，好大的雪啊！我陶醉了，冬天是这样的晶莹剔透。

我想唱，我想冲向高空，俯视这壮观的雪景，我试图舒展我的翅膀，但什么知觉都没了。这翅膀像不是我身上的一样。几次努力后，我绝望了，我放弃了挣扎。这本来就是我自己的选择，我不后悔。

也许我的同伴们会说，为了看一场雪居然搭上了自己的性命，不合算。但我不这么想，我想试着打破这千年不变的定律，我想用一段辉煌来换一生的平淡。

善 者 为 智

张 诚

很多人崇拜着强者，折服于他们的果断和坚强，仰望他们的铁腕和魄力，这种惊天动地的气势成了很多人心中的圭臬，而我却青睐于善者，或许他们没有传奇般的经历，但他们却都拥有一颗朴实而温厚的心，那颗广博而仁爱的心，会包容强者的伤痛，点燃壮士们出行前的明灯！

古人以羊为膳食的美味，"善"字由"膳"引申为美好之意，"善"有善良、慈善之意，与"恶"相对。有位为善者自励"唯有善和爱，才决定人类之为人类"。善，本应是人类的标尺，是人与万物区分的界限，正是那份对自然、对生命的尊重和仁爱，才使得景色变得和谐，也是那份对各种文化的正视和容纳，才使精神世界完美。尽管，善者们没有强者的那份硬朗和气魄，但那份温存和见识却可以伴着绵长的呼吸，细水长流，恩泽万代，所以说，善者为大智，这种智慧是历史长河的沉淀，它将会深深植于心田中，历久弥坚。

我始终相信，每一个人都是生活的智者，每一个人心中都蕴藏着那份温度，不冷不热，怡润眼眶；我也相信，每一个人都会在旅途中寻觅善和爱。因为，善和爱是一种自身的需要——塑造生命，她是生命的载体，打通了向外吞吐的江河，使生命舒展而自由；她是灵魂的吟唱者，优化了生存环境，使生活轻松而笃定。智者们会选择善，因为他们明白人生的必需品是善，因为善是从英雄辈出的年代里筛选出的瑰丽珠宝。

我看到，那么多白发苍苍的老者，他们会在人生的弥留之际，向晚辈们诉说善与爱的故事，语调那么平和，内心似乎装着一轮太阳，那么温暖而明媚，老人们用自己一生的经历告诉孩子们：为善吧！"人之初，性本善"，老人们也曾经年轻，但在他们成长之时，或许在各种社会力量的影响下，学会了如何把善良和慈悲的天性一点点洗涮干净，像面无表情的江湖侠客一般走在大街上，他们不相信流泪，不明白怜悯，那慈眉善目比凶神恶煞更让人迷惑，陌生人平白无故的爱必会换来他们那警惕的眼神，他们的善良陷入了泥坑。然而没有爱的生命是残缺的，人在爱和被爱的过程中才会强大，在施舍和被施舍中才会坚定。

善良，这个最单纯的词语，曾让部分人迷失方向。急于功利的强者，却丢掉了自己的本性，一旦失去了本性也就失去了真正的快乐，价值的取向开始出现了偏差，信仰和生活相互矛盾，痛苦和焦虑像绳索一般紧紧缠绕着心灵。经历过挣扎后，人往往会重新衡量自己的人生，雄才大略、铁血狼烟、升沉权谋、钟鸣鼎食、将军营寨，哪一个是生命的支持者？似乎每一个人都不够坚固，不足以承受生命之重，徘徊中，犹豫中，终于找到了生存的智慧——善良，她是生命的中心，正如老子《道德经》记载着"上善若水，水善利万物而不争"。

所以，一些所谓的成功人士，度过了一辈子的权术人生，终老之时才明白自己的生命只是一个空壳，没有精神领域的支持，人生会腐蚀得很快，非善不强。老人们悔恨着，希望在自己有限的生命之中，向更多的人阐述善者才有生存之道，他们如此真诚的声音，只是想在人生最后旅途中尽力成为智者，善惠后辈。

年轻人听着老人的话，善良离他们太近，又距他们太远，他们无法给善良一个定义，任何理性层面的解释都不让人满意，但，又隐约感觉到了这个词在我们生命中的重量。

霜叶的季节

钟丽娟

禅诗有云："春有百花秋有月，夏有凉风冬有雪。"四季更迭，自有不同的姿态。而秋天，是属于霜叶的季节。是啊，当我们读到李商隐的"天意怜幽草，人间重晚晴"时，你也许会不由惊讶，未料深秋晚晴还会有如此隽永迷人的风味！

春天也有落叶，秋天也有花开。每一个季节都有属于它与众不同的风景，而唯有经过恶劣的季节，迸发出来的芳香与色彩才更令人神往。物皆然，人为甚。只有经历磨难的人生，生命才有更迷人的色彩。正如泰戈尔所说："只有经历地狱般的磨炼，才能练成创造天堂的力量；只有流过血的手指，才能弹出世间的绝响。"

罗伯特·彭斯，苏格兰的一个农民，后来做过税局小职员，长期的劳累和贫困使他的身体在三十多岁就羸弱不堪，但生活的艰辛与磨难却促使他振作奋起。他穿起深色大衣、浅背心、皱边的衬衫，足蹬鹿皮鞋或长靴，出入爱丁堡文学集会，谱写出了《友谊地久天长》等家喻户晓的经典歌曲，让友情之曲、自由之声在地球的各个角落响起，并成了伟大的诗人。

弥尔顿双眼失明，妻儿相继去世，但生活的艰辛与完全的失明，让他更接近心中的光明。在班山街附近的一所小房子里，他一住就是十二年，其间遭遇了伦敦大瘟疫与大火灾，但依然坚持完成了《失乐园》《复乐园》及《力士参孙》的创作。这三部空前绝后的无韵史诗巨著，代表了他一生最大的成就，并以其复杂与完美征服了西方世界。他为此失去了肉体上的光明，但是他却矢志不渝地让人们看到他心中的另一种光明。

是的，劫难后的风景更是绚丽，更是迷人。经历坎坷并不可怕，只要保持向上的心态，经过寒霜摧残的枫叶会比二月花更火红，更艳丽，更迷人。

霜叶的季节，一个比二月花更红的季节。逆境的人生，一个比顺境更见色彩的人生。

163

走 下 去

杨玉霞

晚上在家备考，收到初中同学的短信，上面密密麻麻地写满了三个字："怎么办？"她是在说期中考试，早在一周前她便经常对我说她有多么畏惧考试。

我没有回复，而是陷入了沉思。同样都在读高二，同样都在一流的重点中学，面对同样的竞争压力，我和她一样，时常会有茫然的感觉，仿佛眼前有太多的迷雾，挡住了前方的去处，不知该往哪儿走……

心烦意乱地翻看作文书，一个简单的小故事吸引了我的注意——

小和尚问老和尚："我走路时，眼睛看哪儿？"

老和尚答："你看前面。"

小和尚问："前面如果有东西挡着，我看哪儿？"

老和尚答："看四周。"

小和尚又问："四周大雾弥漫，看哪儿？"

老和尚答："你看脚下。"

一时间，这几句简单的话深深触动了我。我们正像那个小和尚，总是在眺望，却不知道前方的路是什么。我们畏惧考试，畏惧挑战，因为它们将决定我们的命运。我们不知道那最害怕却也是最在意的前方的路会是什么样子，甚至害怕十年寒窗后的高考成绩会将我们对未来的路的憧憬击得粉碎。前方的路，我们看不清。

于是，我们左顾右盼，想从身边的人身上寻求自己的路。结果却发现，对极其优秀的人，我们只能感叹"既生瑜，何生亮"。而那些和自己有着不一样追求的人，也不像自己一样为了"清华北大梦"而愁苦。看着他人的路，我们更迷茫。

就这样，我们成了小和尚：看不清前方的路，对左右的路也一样感到无助。幸好，有老和尚指点迷津：看脚下。是啊，我们脚下的路是可以看得清的。前方是未知，左右无法改变，甚至无法参照；而属于自己的路，却是可以靠自己走出来！

当我们在为前方的路惴惴不安时，若是把时间与精力用在走脚下的路上，岂不是少了无用的叹息，又可以向前迈进一步了吗？当我们在面对左右的路徘徊迷茫时，若是不受他人的影响，不走弯路，那我们离自己的目标，岂不是更近了一步吗？叹息是无能，摇摆是无用，只有将脚下的路一步步坚定地走好，才不会因为找不到路而迷失方向。

成功路上的脚印，是一步一步走出来的，脚踏实地，方达目标。

想到这儿，我不禁释然了，拿起语文书，又看了起来：珍惜一分一秒的复习时间，也是在坚定地走自己的路啊！

165

又收到了好友的短信，上面是一个笑脸——刚刚我给她的回复里，满页只有三个字："走下去。"

信　任

胡　辉

　　信任，可以说是一个老得不能再老的话题了，从记事起，所有的长辈、老师就教导我们对别人要讲信用，同时也要信任别人。随着年龄的增长，我看到了许多社会现象：大到三鹿奶粉事件，小到日常生活中层出不穷的骗子，这个世界似乎已经不值得我们信任了。

　　我在网上看到这样一个故事：从前有一个小孩儿坐在窗台上，他的爸爸鼓励他往下跳，第一次孩子很害怕，磨磨蹭蹭地往下跳，他爸爸用强壮的臂膀接住了他。第二次，孩子虽然有点儿害怕，但不像第一次那么害怕了，跟上次一样他的爸爸依然接住了他。可是第三次的时候，当孩子毫不犹豫地往下跳时，他的爸爸并没有接住他……

　　第二个故事是一位父亲给他的孩子讲完第一个故事后，让孩子从树上往下跳，以便让孩子记住这个故事。刚开始，孩子不愿意往下跳，可是在爸爸的强硬要求下，孩子一咬牙便从树上跳了下来。出乎孩子的意料，父亲张开双臂接住了他，父亲把他紧紧地抱入怀中，对他说："孩子，有时候应该学会信任，何况我还是你的父亲？"

　　前一位爸爸教会了孩子怀疑，而后一位父亲则教会了孩子信任。

　　无意中看到的故事让我明白了一个道理：信任不是绝对的。我们是有智慧的人，不是电脑，不用死板地去执行一个程序。我们要用我们的大脑去明辨是非，判断是不是应该信任，是不是值得信任。我们不能被表面的假象迷惑，更不能被花言巧语迷惑。信任，是一门深奥的学问；信任，更是一项完美的艺术。

只有拥有信任，世界才会变得美好；没有了信任，很难想象这个社会会变成什么样子，交易困难，战争不断，物价飞涨等一系列的问题就会接踵而来，世界混乱，人类的文明可能在一瞬间就化为乌有。

我们要学会信任，要用信任的目光看待事物，要知道信任的目光是对诚信的最好鼓励，信任的目光也是对行骗者最好的唤醒。但信任，不是盲目的轻信，而是建立在有智慧的敏锐判断的基础上。

现在，我不再吝啬我的信任，我想，大家都应该明白，只要人人都给予一点点的信任，这个世界将更加美丽。同时，也需要用信任唤醒迷于路途、施诈于人的人。

我想起了一句很经典的话："信任，往往创造出人类最美好的境界。"也想起另一句话："轻信，往往把人推向火坑。"